VISO PASKIRTIES KATEGORIJOS KNYGA ŠVELNI IR PIRTINGA

100 SKANIŲ KARŠČIŲ IR PIRTINGŲ RECEPTŲ

Enrika Andriukaitienė

Visos teisės saugomos.

Atsisakymas

Šioje el. knygoje esanti informacija yra skirta kaip išsamus strategijų rinkinys, kurį šios el. knygos autorius ištyrė. Santraukas, strategijas, patarimus ir gudrybes rekomenduoja tik autorius, o šios el. knygos skaitymas negarantuoja, kad rezultatai tiksliai atspindės autoriaus rezultatus. Elektroninės knygos autorius dėjo visas pagrįstas pastangas, kad elektroninės knygos skaitytojams pateiktų aktualią ir tikslią informaciją. Autorius ir jo bendražygiai neprisiima atsakomybės už bet kokias netyčia aptiktas klaidas ar praleidimus. Elektroninės knygos medžiagoje gali būti informacijos iš trečiųjų šalių. Trečiųjų šalių medžiagoje yra jų savininkų išreikštos nuomonės. Kaip tokia,

Elektroninės knygos autorių teisės priklauso © 2022, visos teisės saugomos. Visą ar dalį šios el. knygos platinti, kopijuoti ar kurti išvestinius kūrinius yra neteisėta. Jokia šios ataskaitos dalis negali būti atkurta ar persiunčiama jokia forma be aiškaus ir pasirašyto rašytinio autoriaus leidimo.

Somario

Atsisakymas 1

ĮVADAS 17

JALAPENO 18

   1. Sodyba įdaryti Jalapeño 19

      Ingredientai 20

      Kryptys 20

   2. Jalapeño kukurūzai 21

      Ingredientai 22

      Kryptys 22

   3. Jalapeño želė 2. 3

      Ingredientai 24

      Kryptys 24

   4. Saldūs jalapeños 25

      Ingredientai 26

      Kryptys 26

   5. Jalapeño Pesto 26

Ingredientai 27

Kryptys 27

6. Kepsnys su Argentinos Jalapeño padažu 28

Ingredientai 29

Kryptys 29

7. Meksikietiška Jalapeño Salsa 30

Ingredientai 31

Kryptys 31

8. Jalapeño bulvytės 32

Ingredientai 33

Kryptys 33

9. Linksma Molly spragėsių kukurūzai 34

Ingredientai 35

Kryptys 35

10. Monterey užkandžiai 36

Kryptys 37

11. Sekmadienio jalapeños 37

Kryptys 39

12. Jalapeño Fudge 40

Kryptys 41

13. Jalapeño Dip 42

Kryptys 42

14. Meksikietiškas troškinys iš Kalifornijos 43

Kryptys 44

15. Meksikietiškas kepinys su jalapeño 46

Kryptys 47

16. Aštrūs pietvakarių kukurūzai 48

Kryptys 49

17. Jalapeño Poppers 50

Kryptys 51

18. Jalapeños iš Teksaso 53

Kryptys 54

19. Ant grotelių kepti šoninės įvyniojimai 55

Kryptys 56

20. Jalapeño tepalas 56

Kryptys 57

21. Jalapeño ir uogų uogienė 57

Kryptys 59

Kryptys 61

22. Monterey Enchiladas 62

Ingredientai 63

Kryptys 63

23. Jalapeño sumuštinis 65

Ingredientai 66

Kryptys 66

24. Jalapeño sluoksniuota tešla 68

Ingredientai 69

Kryptys 69

25. Aštri Jalapeno duona 70

Ingredientai 71

Kryptys 71

26. Jalapeño sriuba 72

    Ingredientai 73

    Kryptys 73

27. Jalapeño Chili Texas stilius 74

    Ingredientai 75

    Kryptys 75

28. Karibų-meksikietiška vakarienė 77

    Ingredientai 78

    Kryptys 78

29. Teksaso Jalapeño Chutney 80

    Ingredientai 81

    Kryptys 81

30. Vengriškas Jalapeño čili 82

    Ingredientai 82

    Kryptys 83

31. Viduržemio jūros avinžirnių sriuba 84

    Ingredientai 85

    Kryptys 85

32. Tradicinis meksikietiškas padažas 87

    Ingredientai 88

    Kryptys 88

33. Lęšių sriuba 89

    Ingredientai 90

    Kryptys 90

34. Lengvas Dahlas 91

    Ingredientai 92

    Kryptys 92

35. Azijos įkvėpti wontonai 94

    Ingredientai 95

    Kryptys 95

36. Turkijos pietūs vontonai 96

    Ingredientai 96

Kryptys 97

37. Wontons Louisville 98

    Ingredientai 99

    Padažas 99

    Kryptys 99

38. Šviesūs meksikietiški rudieji ryžiai 100

    Ingredientai 101

    Kryptys 101

39. Azijietiška vištienos sriuba 103

    Ingredientai 104

    Kryptys 104

40. Kambodžos kario padažas 106

    Ingredientai 107

    Kryptys 107

41. Baltasis čili 108

    Ingredientai 109

Kryptys 109

42. Jalapeño Gazpacho 111

   Ingredientai 112

   Kryptys 112

43. Avokadų salsa 113

   Ingredientai 113

   Kryptys 114

44. Naujasis pasaulis Ceviche 115

   Ingredientai 116

   Kryptys 116

45. Aštrūs meksikietiški popsicles 118

   Ingredientai 119

   Kryptys 119

46. Ispaniška lazanija 120

   Ingredientai 121

   Kryptys 121

47. Kreminis vištienos fettuccinas 122

Ingredientai 123

Kryptys 123

48. Chipotle kopūstų salotos 124

Ingredientas 125

Kryptys 125

49. Jalapeño, Cilantro ir Mango Tilapia 126

Ingredientai 127

Kryptys 127

50. Krevetės Tailande 128

Ingredientai 129

Kryptys 129

51. Trinti vištiena 131

Ingredientai 132

Kryptys 132

52. Jamaikos salotos 134

Ingredientai 135

Kryptys 135

53. Kokosinė vištiena 137

    Ingredientai 137

    Kryptys 138

54. Majų kuskusas 139

    Ingredientai 139

    Kryptys 140

55. Kepsnių fajitas 141

    Ingredientai 142

    Kryptys 142

56. Meksikietiški raudonieji ryžiai 144

    Ingredientai 145

    Kryptys 145

57. Žalioji salsa 147

    Ingredientai 148

    Kryptys 148

TAAI, SERRANO, CAYENNE ČILĖS 148

58. Krepas su avinžirnių miltais 149

    Ingredientai 149

    Kryptys 150

59. Kvietiniai blyneliai 151

    Ingredientai 152

    Kryptys 152

60. Masala Tofu Scramble 153

    Ingredientai 154

    Kryptys 154

61. Masala Papad 156

    Ingredientai 157

    Kryptys 157

62. Aštrios pupelių salotos 158

    Ingredientai 159

    Kryptys 159

63. Skrudintų baklažanų padažas 161

Ingredientai 162

Kryptys 162

64. Keptų daržovių kvadratėliai 164

Ingredientai 165

Kryptys 166

65. Aštrūs saldžiųjų bulvių kotletai 167

Ingredientai 168

Kryptys 169

66. Motinos daigų salotos 170

Ingredientai 171

Kryptys 171

67. Pomidorų, agurkų ir svogūnų salotos 172

Ingredientai 173

Kryptys 173

68. Street Popper salotos su avinžirniais 174

Ingredientai 175

Kryptys 175

69. Traškios morkų salotos 177

    Ingredientai 178

    Kryptys 178

70. Rudieji ryžiai ir Adzuki pupelės Dhokla 179

    Kryptys 180

71. Šiltos Šiaurės Indijos salotos 182

    Ingredientai 183

    Kryptys 183

72. Šaltos gatvės salotos 185

    Ingredientai 186

    Kryptys 186

73. Quickie Masala pupelės arba lęšiai 188

    Ingredientai 189

    Kryptys 189

74. Ankštinių daržovių salotos su kokosu 191

    Ingredientai 192

Kryptys 192

75. Kario pupelės arba lęšiai 193

    Ingredientai 194

    Kryptys 194

76. Goan įkvėptas karis su kokosų pienu 195

    Ingredientai 197

    Kryptys 198

77. Ankštiniai augalai Chana Masala 198

    Ingredientai 199

    Kryptys 199

78. Pandžabiškos kario pupelės .... du šimtai

    Ingredientai 201

    Kryptys 202

79. Lėtai virtos pupelės ir lęšiai 203

    Ingredientai 204

    Kryptys 204

80. Chana ir Split Moong Dal su pipirų dribsniais 205

Ingredientai 205

Kryptys 206

81. Tofu ir pomidorai su prieskoniais 207

Ingredientai 208

Kryptys 209

82. Bulvių maišas su kmynais 209

Ingredientai 211

Kryptys 211

83. Bulvių maišas su garstyčių sėklomis 213

Ingredientai 214

Kryptys 214

84. Pandžabiško stiliaus kopūstai 216

Ingredientai 217

Kryptys 218

85. Kopūstai su garstyčių sėklomis ir kokosu 219

Ingredientai 220

Kryptys 220

86. Pupelės su bulvėmis 221

    Ingredientai 222

    Kryptys 222

87. Baklažanai su bulvėmis 223

    Ingredientai 224

    Kryptys 225

88. Briuselio kopūstai Masala 226

    Ingredientai 227

    Kryptys 227

89. Baklažanų duona, įdaryta anakardžių riešutais 229

    Ingredientai 230

    Kryptys 231

90. Prieskoniai špinatai su "Paneer" 232

    Ingredientai 233

    Kryptys 234

91. Traškanti okra 235

Ingredientai 236

Kryptys 236

92. Karšta ir aštri kiniška vištiena 237

93. Aštrios pupelės 239

Ingredientai 240

Kryptys 240

Karštas prieskonis 240

94. Popperiai su avinžirniais 241

Ingredientai 242

Kryptys 242

95. Gatvės kukurūzų salotos 243

Ingredientai 244

Kryptys 244

96. Masala vaisių salotos 245

Ingredientai 246

Kryptys 246

97. Ožraginės-špinatinės bulvės 247

    Ingredientai 248

    Kryptys 248

98. Skrudintos Masala pupelės arba lęšiai 250

    Ingredientai 251

    Kryptys 251

99. Pupelės su kario lapeliais 252

    Ingredientai 253

100. Sambhar įkvėptas karis ant viryklės 254

    Ingredientai 255

    Kryptys 255

ĮVADAS

Aitriosios paprikos suteikia patiekalui spalvos, išskyrus tai, kad yra karštos. Malti raudonieji čili pipirai naudojami mėsai ir padažams pagardinti, o žalieji čili pagardina čatnius ir keptus gaminius. Čili pipirai gali būti aštrūs, nepaisant jų spalvos. Paprika arba žalioji paprika, visada švelnesnio skonio, suteikia tekstūros.

Garam masala (pažodžiui aštrus prieskonis hindi kalba) yra panašus į kvapiųjų pipirų miltelius. Tai naudingas maltų prieskonių mišinys, kuriuo galima pagardinti beveik visus indiškus patiekalus. Prieskonius geriausia gauti šviežius ir prieš malant juos paskrudinti. Hermetiškame indelyje jis laikysis apie 3 mėnesius. Prieskoniai gali išryškinti geriausias bet kurio ingrediento savybes, o aromatas gali sukelti sveiką apetitą visoje kaimynystėje. Senovės indėnai tikėjo, kad geras maistas turi patikti visiems pojūčiams. Viskas priklauso nuo proporcijų – tinkamos tekstūros, spalvos, skonio ir skonio.

Priešingai populiariems įsitikinimams, „aštrus" maistas neduoda rezultatų
Opos. Pavyzdžiui, imbieras rytietiškoje medicinoje naudojamas kaip „vaistas" nuo įvairių negalavimų, įskaitant galvos skausmą, siekiant atgaivinti kūną. Liaudies moksle imbieras yra giriamas

kaip atkuriamoji priemonė ir kaip afrodiziakas. Ši aštraus skonio šaknis padeda virškinti. Šis šaknies ingredientas, artimas kininio ženšenio „giminaitis", padeda virškinti. Panašiai ciberžolė plačiai naudojama kaip konservantas, skonio stipriklis (vietoj MSG, kad būtų išvengta „kiniško restorano sindromo") ir maisto priedas. Šis ingredientas užima svarbią vietą tradicinėje rytų medicinoje.

JALAPENO

1. Ranch Suffed Jalapeño

Porcijos: 10

ingridientai

- 1 pakuotė (8 oz.) kreminio sūrio, suminkštinto
- 1 puodelis susmulkinto Čedaro sūrio
- 1/4 puodelio majonezo
- 1 pakuotė (1 oz.) sauso salotų padažo mišinio
- 1 1/2 arbatinio šaukštelio česnako miltelių
- 20 didelių jalapeno pipirų, perpjautų per pusę ir išskobtų
- 1 svaras kalakutienos šoninės, supjaustytos per pusę

Kryptys

1. Prieš darydami ką nors kita, nustatykite orkaitę iki 400 laipsnių F.
2. Į didelį dubenį sudėkite visus ingredientus, išskyrus jalapeño pipirus ir šoninę.

3. Jalapeño puseles įdarykite sūrio mišiniu ir apvyniokite šoninės griežinėliu.

4. Viską sutvirtinkite dantų krapštukais ir išdėliokite broilerių keptuvėje.

5. Viską kepame orkaitėje apie 20 min.

2. Jalapeño kukurūzai

Porcijos: 4

ingridientai

- 6 varpos šviežių kukurūzų, grūdai nupjauti iš burbuolių
- 2 šviežios jalapeno paprikos, išskobtos ir supjaustytos 1/3 puodelio kubeliais pjaustytų svogūnų
- 2 šaukštai susmulkinto pimento
- 2 šaukštai sviesto, supjaustyti gabalėliais
- druskos ir maltų juodųjų pipirų pagal skonį

Kryptys

1. Mikrobangų krosnelėje tinkamame dubenyje sumaišykite jalapeño pipirus, svogūną, kukurūzus ir sviestą.
2. Uždenkite dubenį plastikine plėvele ir mikrobangų krosnelėje kepkite apie 4 minutes, maišydami kas 1 minutę.
3. Pagardinkite druska ir juodaisiais pipirais ir patiekite.

3. Jalapeño želė

Porcijos: 32

ingridientai

- 1 didelė žalia paprika
- 12 jalapeno pipirų
- 1 1/2 puodelio obuolių sidro acto
- 1 žiupsnelis druskos
- 4 1/4 stiklinės granuliuoto cukraus
- 4 uncijos. skystas pektinas
- 4 jalapeno pipirai, išskobti ir smulkiai supjaustyti

Kryptys

1. Į virtuvinį kombainą sudėkite 12 jalapeño paprikų ir paprikų ir sutrinkite iki smulkiai pjaustytų.

2. Dideliame puode sumaišykite pipirų mišinį su sidro actu ir užvirinkite.

3. Viską verdame apie 15-20 minučių.

4. Ant dubenėlio išdėliokite 2 rankšluosčių sluoksnius ir paspausdami nukoškite pipirų mišinį.

5. Į tą pačią keptuvę įpilkite 1 puodelį pipirų skysčio, cukraus ir druskos ant vidutinės ugnies ir maišykite, kol cukrus visiškai ištirps.

6. Viską užvirkite ir virkite mišinį apie 1 minutę.

7. Įmaišykite skystą pektiną ir likusius jalapeño pipirus ir supilkite mišinį į sterilizuotus stiklainius, palikdami apie 1/4 colio vietos viršuje.

8. Uždarykite stiklainius ir apdorokite juos karšto vandens vonelėje.

9. Atidarę stiklainius, atšaldykite želė.

4. Saldūs jalapeños

Porcijos: 74

ingridientai

- 1 galonas kubeliais pjaustytų jalapeno pipirų
- 5 svarai. baltasis cukrus

Kryptys

1. Iš jalapeño pipirų indelio nupilkite reikiamą vandens kiekį.
2. Įpilkite cukraus, uždarykite stiklainį ir palikite bent 1 savaitei, kasdien išmeskite stiklainį.

5. Jalapeño Pesto

Porcijos: 14

ingridientai

- 1/4 puodelio graikinių riešutų
- 2 skiltelės česnako
- 2 puodeliai supakuotų šviežių baziliko lapelių
- 3/4 puodelio susmulkinto Parmagiano-Reggiano sūrio
- 1 jalapeno pipiras, nuimtas stiebas
- 2/3 stiklinės alyvuogių aliejaus
- druskos ir maltų juodųjų pipirų pagal skonį

Kryptys

1. Į virtuvinį kombainą suberkite česnaką ir graikinius riešutus ir plakite, kol susmulkinsite.
2. Sudėkite likusius ingredientus, išskyrus aliejų ir pulsą, kol gerai susimaišys.

3. Kai variklis veikia, lėtai įpilkite alyvos ir pulsuokite iki vientisos masės.

6. **Kepsnys su argentinietišku Jalapeño padažu**

Porcijos: 6

ingridientai

- 4 jalapeño pipirai su stiebais
- 4 skiltelės česnako, nuluptos
- 1 1/2 arbatinio šaukštelio maltų juodųjų pipirų
- 1 valgomasis šaukštas rupios druskos
- 1/4 puodelio citrinos sulčių
- 1 valgomasis šaukštas džiovintų raudonėlių
- 1 1/2 svaro. nugarinės kepsnys

Kryptys

1. Į maišytuvą įpilkite česnako, jalapeño pipirų, raudonėlio, druskos, juodųjų pipirų ir citrinos sulčių ir sumaišykite iki vientisos masės.

2. Perkelkite jalapeño mišinį į negilią kepimo formą.

3. Sudėkite kepsnį ir gausiai aptepkite mišiniu.

4. Šaldykite, uždengę, apie 8 valandas.

5. Įkaitinkite grilį ant stiprios ugnies ir ištepkite groteles riebalais.

6. Paprikas kepkite ant grotelių apie 5 minutes iš abiejų pusių.

7.Meksikietiška Jalapeño Salsa

ingridientai

- 10 šviežių jalapeño pipirų
- 2 pomidorai
- 1 baltas svogūnas, supjaustytas ketvirčiais
- 1/4 puodelio šviežios kapotos kalendros arba daugiau pagal skonį 2 skiltelės česnako, sutrintas 1 laimas, su sultimis
- 1 arbatinis šaukštelis druskos
- 1 arbatinis šaukštelis maltų juodųjų pipirų

Kryptys

1. Į didelį puodą vandens suberkite jalapeño pipirus ir užvirinkite.
2. Viską verdame apie 10-12 minučių.
3. Kiaurasamčiu iš vandens išimkite jalapeño pipirus.
4. Nuimkite stiebus ir sudėkite į trintuvą.
5. Toje pačioje keptuvėje su vandeniu verdame pomidorus apie 2-3 minutes.
6. Kiaurasamčiu išimkite pomidorus iš vandens.

7. Pomidorus nulupkite ir sudėkite į maišytuvą su jalapeño pipirais.

8. Sudėkite likusius ingredientus ir plakite iki vientisos masės.

8. Jalapeño bulvytės

ingridientai

- 2 puodeliai augalinio aliejaus arba pagal poreikį
- 1 puodelis universalių miltų
- 2 šaukštai česnako miltelių
- druskos ir maltų juodųjų pipirų pagal skonį
- 6 jalapeño pipirai - perpjauti per pusę, išskobti sėklas ir supjaustyti kubeliais
- 2 kiaušiniai

Kryptys

1. Didelėje keptuvėje ant vidutinės ugnies įkaitinkite aliejų.
2. Negiliame dubenyje sumuškite kiaušinius ir gerai išplakite.
3. Kitame sekliame dubenyje sumaišykite miltus, česnako miltelius, druską ir juoduosius pipirus.
4. Jalapeño pipirų skilteles aptepkite kiaušiniu ir tolygiai apvoliokite miltų mišinyje.

5. Jalapeno skilteles dalimis sudėkite į karštą aliejų ir kepkite apie 2–3 minutes iš kiekvienos pusės.

9. Jolly-Molly spragėsiai

ingridientai

- 1/4 puodelio augalinio aliejaus, padalintas
- 6 riekelės marinuotų jalapeño paprikų, nusausintos
- 1/3 puodelio spragėsių kukurūzų branduolių
- 1/4 puodelio sviesto, lydyto
- 1 pakuotė (1 oz.) rančo padažo mišinys

Kryptys

1. Nedidelėje keptuvėje ant vidutinės-stiprios ugnies įkaitinkite 2 šaukštus aliejaus ir pakepinkite jalapeño pipirus apie 3-5 minutes.

2. Su kiaurasamčiu perkelkite jalapeño paprikas į lėkštę ir supjaustykite.

3. Didelėje keptuvėje ant vidutinės ugnies įkaitinkite likusį aliejų ir įdėkite 4 spragėsių branduolius.

4. Uždenkite ir virkite, kol spragėsiai pradės pūsti.

5. Likusius kukurūzų spragėsių branduolius sudėkite į keptuvę vienu sluoksniu.

6. Uždenkite keptuvę ir viską nukelkite nuo ugnies apie 30 sekundžių.

7. Padėkite keptuvę ant ugnies ir viską virkite apie 1-2 minutes, švelniai purtydami keptuvę.

8. Nuimkite keptuvę nuo ugnies ir perkelkite spragėsius į didelį dubenį.

9. Įpilkite lydyto sviesto ir rančo padažo mišinio ir išmaišykite, kad susimaišytų.

10. Spraginti kukurūzus patiekite su grūstų jalapeño paprikų užpilu.

10. Monterey užkandžiai

ingridientai

- 12 mažų jalapenų

- 6 uncijos. Monterey Jack sūris, supjaustytas kubeliais

- 1 puodelis plonais griežinėliais pjaustyto kieto košerinio saliamio

- mediniai dantų krapštukai

Kryptys

1. Įkaitinkite grilį ant stiprios ugnies ir ištepkite groteles riebalais.

2. Iš jalapeño pipirų pašalinkite stiebus, plėvelę ir sėklas.

3. Kiekvieną pipirą įdarykite sūriu ir apvyniokite saliamio gabalėliu.

4. Viską sutvirtinkite dantų krapštukais ir kepsninėje, kol apskrus iš abiejų pusių, retkarčiais apversdami.

11.Sekmadienio jalapeños

ingridientai

-
- 2 (7 oz.) jalapeños skardinės
- 6 uncijos. Meksikietiško stiliaus susmulkinto sūrio mišinys
- 1 svaras jautienos dešrelės, karštos
- 1 pakuotė (5,5 oz.) aštrių prieskonių dangos mišinio

Kryptys

1. Prieš darydami ką nors kita, nustatykite orkaitę iki 350 laipsnių F.
2. Jalapeño pipirus perpjaukite išilgai, tada pašalinkite stiebus, plėvelę ir sėklas.
3. Kiekvieną pipirą įdarykite sūriu.
4. Padėkite dešrą tarp 2 plastikinės plėvelės sluoksnių ir plonai susukite kočėlu.
5. Jalapeño pipirus apvyniokite plonais dešros griežinėliais.
6. Jalapeño pipirus aptepkite pagardintu dangos mišiniu.
7. Viską kepame orkaitėje apie 15-25 min.

12. Jalapeño Fudge

ingridientai

-
- 6 kiaušiniai
- 1 1/4 svaro. tarkuoto Čedaro sūrio
- 1 skardinė (4 uncijos) kubeliais pjaustytų jalapeño pipirų

Kryptys

1. Prieš darydami ką nors kita, nustatykite orkaitę iki 350 laipsnių F ir lengvai sutepkite 12 x 9 colių kepimo skardą.

2. Dubenyje sumuškite kiaušinius ir išplakite.

3. Suberkite jalapeño pipirus ir Čedaro sūrį ir išmaišykite, kad susimaišytų.

4. Mišinį tolygiai perkelkite į paruoštą kepimo skardą.

5. Viską kepkite orkaitėje apie 20-25 minutes.

13. Jalapeño Dip

2 sveiki švieži jalapeño pipirai, išskobti, be sėklų ir susmulkinti

- 1 indelis (16 oz.) grietinėlės

- 1 pakuotė (1 oz.) sauso salotų padažo mišinio

- 1 valgomasis šaukštas česnako miltelių

- 2 šaukštai šviežios kapotos kalendros

ingridientai

●

Kryptys

1. Į virtuvinį kombainą sudėkite visus ingredientus ir plakite iki vientisos masės.

2. Prieš patiekdami laikykite šaldytuve, uždengę, apie 1 valandą iki per naktį.

14. Kalifornijos meksikietiškas troškinys

- 4 virtos bulvės
- 2 puodeliai pieno
- 3 šaukštai miltų
- 1 arbatinis šaukštelis druskos
- 1/4 arbatinio šaukštelio maltų juodųjų pipirų 1/4 arbatinio šaukštelio česnako miltelių
- 1 puodelis tarkuoto čederio sūrio
- 1 skardinė (4 uncijos) kubeliais pjaustytų jalapeño pipirų
- 1 stiklainis (2 uncijos) susmulkintų kvapiųjų pipirų, nusausintas

Kryptys

1. Prieš darydami ką nors kita, nustatykite orkaitę iki 350 laipsnių F ir lengvai sutepkite didelę kepimo skardą.
2. Dideliame puode su verdančiu vandeniu bulves pavirkite apie 15-18 minučių.
3. Juos gerai nusausinkite ir palikite į šoną, kad atvėstų.

ingridientai

●

4. Nuvalykite ir supjaustykite bulves, tada viską perkelkite į paruoštą troškintuvą.

5. Nedideliame dubenyje sumaišykite miltus, česnako miltelius, druską ir juoduosius pipirus.

6. Į keptuvę supilkite pieną ant vidutinės ugnies ir lėtai supilkite miltų mišinį, nuolat plakdami.

7. Viską virkite nuolat plakdami, kol masė taps tiršta.

8. Įmaišykite jalapeño pipirus ir čederio sūrį ir toliau kepkite maišydami, kol sūris išsilydys.

9. Padažą tolygiai užpilkite ant bulvių ir tolygiai apliekite jas pimentu.

10. Viską kepame orkaitėje apie 30 min.

ingridientai
15. Meksikietiškas kepinys su jalapeño

- 4 kiaušiniai
- 2 1/2 puodelio susmulkinto meksikietiško sūrio
- 16 oz. marinuotų jalapeño griežinėlių

Kryptys

1. Prieš darydami ką nors kita, įkaitinkite orkaitę iki 350 laipsnių F ir lengvai sutepkite 8 x 8 colių kepimo skardą.

2. Dubenyje sumuškite kiaušinius ir išplakite.

3. Kiaušinius perkelkite į paruoštos kepimo formos dugną.

4. Jalapeño pipirus tolygiai uždėkite ant kiaušinių, palikdami šiek tiek paprikų.

5. Ant jalapeño pipirų uždėkite sūrio ir ant viršaus uždėkite likusias paprikas.

6. Viską kepame orkaitėje apie 30 min.

ingridientai
16. Aštrūs pietvakarių kukurūzai

- 2 arbatinius šaukštelius alyvuogių aliejaus
- 1 didelis jalapeño pipiras, susmulkintas
- 2 šaukštai kubeliais pjaustytų svogūnų
- 1 1/2 puodelio šaldytų kukurūzų, atšildytų
- druskos ir maltų juodųjų pipirų pagal skonį
- 1 valgomasis šaukštas šviežios kapotos kalendros

Kryptys

1. Didelėje keptuvėje ant vidutinės-mažos ugnies įkaitinkite aliejų ir pakepinkite jalapeño pipirus apie 5 minutes.

2. Sudėkite svogūną ir pakepinkite apie 2 minutes.

3. Įmaišykite kukurūzus, druską ir juoduosius pipirus ir patroškinkite apie 5 minutes.

4. Įmaišykite kalendrą ir virkite apie 30–60 sekundžių.

ingridientai
17. Jalapeño Poppers

12 uncijų. grietinėlės sūris, minkštas

1 pakuotė (8 uncijos) susmulkinto Čedaro sūrio

1 valgomasis šaukštas sojos šoninės gabalėlių

12 uncijų. jalapeño pipirai, išskobti ir perpjauti per pusę

1 puodelis pieno

1 puodelis universalių miltų

1 puodelis sausų džiūvėsėlių

2 litrų aliejaus kepimui

Kryptys

1. Dubenyje sumaišykite šoninę, čederio sūrį ir kreminį sūrį.

2. Į negilų dubenį supilkite pieną, o į kitą negilų dubenį suberkite miltus.

3. Į trečią negilų dubenį suberkite džiūvėsėlius.

4. Jalapeño pipirus įdarykite sūrio mišiniu.

ingridientai

5. Jalapeño pipirus pamirkykite piene ir tolygiai apvoliokite miltuose.

6. Jalapeño pipirus padėkite į lėkštę maždaug 10 minučių, kad išdžiūtų.

7. Dabar jalapeños vėl pamirkykite piene, tada tolygiai apvoliokite džiūvėsėliuose.

8. Jalapeño pipirus dėkite į lėkštę, kad nudžiūtų.

9. Jalapeño pipirus dar kartą apvoliokite džiūvėsėliuose.

10. Prieš tęsdami, keptuvėje įkaitinkite aliejų iki 365 laipsnių F.

11. Jalapeño poppers kepkite apie 2-3 minutes.

12. Perkelkite jalapeño poppers į popieriniu rankšluosčiu išklotą lėkštę, kad nuvarvėtų.

ingridientai
18. Teksaso jalapeños

1 svaras maltos kalakutienos dešros

1 pakuotė (8 oz.) kreminio sūrio, suminkštinto

1 puodelis susmulkinto parmezano

1 svaras didelės šviežios jalapeño paprikos, perpjautos išilgai

per pusę ir išsėtos sėklomis 1 butelis (8 uncijos) rančo padažas

Kryptys

1. Prieš darydami ką nors kita, nustatykite orkaitę iki 425 laipsnių F.

2. Įkaitinkite didelę keptuvę ant vidutinės ugnies ir kepkite jautieną, kol visiškai apskrus.

3. Iš keptuvės išmeskite riebalus.

4. Dešreles perkelkite į dubenį su parmezanu ir kreminiu sūriu ir gerai išmaišykite.

5. Jalapeño pipirų puseles įdarykite sūrio mišiniu ir išdėliokite ant kepimo skardų.

6. Kepkite viską orkaitėje apie 20 min.

ingridientai
19. Ant grotelių kepti šoninės įvyniojimai

6 šviežios jalapeno paprikos, perpjautos per pusę išilgai ir išskobtos

1 pakuotė (8 uncijos) kreminio sūrio

12 riekelių kalakutienos šoninės

Kryptys

1. Nustatykite kepsninę ant stiprios ugnies ir ištepkite groteles riebalais.

2. Jalapeño pipirų puseles įdarykite kreminiu sūriu ir apvyniokite šoninės griežinėliais.

3. Paprikas kepkite ant grotelių, kol šoninė taps traški.

ingridientai
20. Jalapeño užtepėlė

- 2 pakuotės (8 oz.) kreminio sūrio, suminkštinto

- 1 puodelis majonezo

- 1 skardinė (4 oz.) susmulkintų žaliųjų čili pipirų, nusausinta

- 2 uncijos. kubeliais supjaustytos konservuotos jalapeño paprikos, trumpos

- 1 puodelis tarkuoto parmezano

Kryptys

1. Į didelį dubenį, skirtą naudoti mikrobangų krosnelėje, įdėkite majonezo ir grietinėlės sūrio ir gerai išmaišykite.

2. Sumaišykite jalapeño ir žaliuosius pipirus ir užpilkite parmezanu.

3. Mikrobangų krosnelėje aukšta temperatūra apie 3 minutes.

ingridientai
21. Jalapeño ir uogų uogienė

- 4 puodeliai susmulkintų braškių
- 1 puodelis kapotų jalapeño pipirų
- 1/4 puodelio citrinos sulčių
- 1 pakuotė (2 uncijos) vaisių pektino miltelių
- 7 puodeliai baltojo cukraus
- 8 puslitriniai konservavimo stiklainiai su dangteliais ir žiedais, sterilizuoti

Kryptys

1. Didelėje keptuvėje ant stiprios ugnies sumaišykite jalapeño pipirus, sutrintas braškes, pektiną ir citrinos sultis ir užvirinkite.
2. Įpilkite cukraus ir maišykite, kol visiškai ištirps.
3. Viską vėl užvirkite ir virkite apie 1 minutę.
4. Supilkite uogienę į karštus sterilizuotus stiklainius, palikdami apie 1/4 colio vietos viršuje.
5. Iš uogienės išimkite burbuliukus, įmesdami peilį į stiklainius.

ingridientai
6. Uždarykite stiklainius ir apdorokite karšto vandens vonelėje.

Grybai ir jalapenos

2 griežinėliai kepimo

purškalo su kalakutienos

šonine

1 1/2 arbatinio šaukštelio alyvuogių aliejaus

8 grybai, nuimti ir susmulkinti stiebai, o kepurėlės paliktos

1 skiltelė česnako, susmulkinta

1 jalapeño pipiras, šonkauliai ir sėklos pašalintos, gerai

1 pakuotė (3 oz.) kreminio sūrio, suminkštinto

3 šaukštai susmulkinto Čedaro sūrio jūros druskos pagal skonį

maltų juodųjų pipirų pagal skonį

Kryptys

1. Prieš darydami ką nors kita, nustatykite orkaitę iki 350 laipsnių F ir lengvai patepkite kepimo skardą.

2. Įkaitinkite didelę keptuvę ant vidutinės-stiprios ugnies ir kepkite šoninę apie 10 minučių.

3. Šoninę perkelkite į popieriniu rankšluosčiu išklotas lėkštes, kad nuvarvėtų, tada sutrupinkite.

4. Tuo tarpu kitoje keptuvėje ant vidutinės ugnies įkaitinkite aliejų ir apie 10 minučių patroškinkite grybų stiebus, jalapeño paprikas ir česnaką.

5. Į didelį dubenį suberkite šoninę, grybų mišinį, čederio sūrį, kreminį sūrį, druską, juoduosius pipirus ir gerai išmaišykite.

ingridientai

6.Grybų kepurėles pripildykite šoninės mišiniu ir vienu sluoksniu išdėliokite paruoštoje kepimo formoje.

7.Kepkite viską orkaitėje apie 15-20 min.

22. Monterey Enchiladas

ingridientai

3 vištienos krūtinėlės puselės be odos ir kaulų

1 arbatinis šaukštelis kajeno pipirų 1/2 arbatinio šaukštelio česnako miltelių druskos ir maltų juodųjų pipirų pagal skonį 2 šaukštai sviesto

1 didelis svogūnas, supjaustytas

2 jalapeño pipirai, išskobti ir susmulkinti

1 pakuotė (8 uncijos) kreminio sūrio

1/2 arbatinio šaukštelio kajeno pipirų

1 valgomasis šaukštas česnako miltelių

1/2 arbatinio šaukštelio paprikos

1/2 arbatinio šaukštelio čili miltelių

1/2 arbatinio šaukštelio maltų kmynų

1 skardinė (28 oz.) žaliojo enchilados padažo

7 Miltų tortilija

8 oz. susmulkintas Monterey Jack sūris, padalintas

Kryptys

1. Prieš darydami ką nors kita, nustatykite orkaitę iki 350 laipsnių F.

2. Vištienos krūtinėles pabarstykite 1 arbatiniu šaukšteliu kajeno pipirų, 1/2 arbatinio šaukštelio česnako miltelių, druska ir juodaisiais pipirais ir išdėliokite kepimo formoje.

3. Kepkite viską orkaitėje apie 45 minutes.

4. Išimkite viską iš orkaitės ir atidėkite, kad visiškai atvėstų, tada 2 šakutėmis susmulkinkite vištieną.

5. Didelėje keptuvėje ant vidutinės ugnies ištirpinkite sviestą ir pakepinkite jalapeño paprikas bei svogūną apie 5 minutes.

6. Suberkite kreminį sūrį ir virkite, kol sūris išsilydys.

7. Sudėkite iškeptą vištieną ir likusius kajeno pipirus, česnako miltelius, čili miltelius, papriką ir kmynus ir nukelkite nuo ugnies.

8. 13x9 colių indo dugne ištepkite pusę žaliojo enchilados padažo.

9. Tortilijas išdėliokite ant lygaus paviršiaus.

10. Įdėkite vištienos mišinį į kiekvienos tortilijos centrą ir uždėkite pusę Monterey Jack sūrio.

11. Susukite tortilijas ir išdėliokite jas ant padažo kepimo skardoje.

12. Ant viršaus užpilkite likusį padažą ir likusį Monterey Jack sūrį.

13. Kepkite viską orkaitėje apie 30-35 min.

23. Jalapeño sumuštinis

ingridientai

- 2 uncijos. grietinėlės sūris, minkštas
- 1 valgomasis šaukštas grietinės
- 10 riekelių marinuotų jalapeño pipirų, arba pagal skonį – susmulkintų
- 2 ciabatta sumuštinių suktinukai
- 4 arbatinius šaukštelius sviesto
- 8 tortilijos traškučiai, susmulkinti

Kryptys

1. Dubenyje sumaišykite marinuotas jalapenjas, grietinę ir kreminį sūrį ir atidėkite į šalį.

2. Ant vidutinės ugnies įkaitinkite didelę keptuvę.

3. Kiekvieną čiabatos ritinį perpjaukite per pusę horizontaliai, tada nupjaukite suapvalintas viršūnes, kad susidarytumėte plokščią viršutinę pusę.

4. Ant apatinės bandelės nupjautos pusės uždėkite maždaug 1 arbatinį šaukštelį sviesto ir tolygiai išlyginkite viršutinę bandelę.

5. Ant apatinės bandelės neteptos pusės dėkite pusę kreminio sūrio mišinio, susmulkintus traškučius ir tarkuotą sūrį.

6. Ant viršaus išdėliokite viršutinę bandelės pusę, kad pagamintumėte sumuštinį.

7. Pakartokite su likusiu sumuštiniu.

8. Sumuštinius kepkite karštoje keptuvėje apie 3-5 minutes.

9. Kiekvieną atsargiai apverskite ir virkite, kol sūris išsilydys.

24. Jalapeño sluoksniuota tešla

ingridientai

12 mini filo torto kriauklių

4 uncijos. grietinėlės sūris, minkštas

1/2 puodelio susmulkinto Čedaro sūrio

2 jalapeño pipirai, išsmulkinti ir

susmulkinti 1 valgomasis šaukštas

aitriųjų paprikų padažo sojos šoninės

gabaliukų

Kryptys

1. Prieš darydami ką nors kita, nustatykite orkaitę iki 400 laipsnių F ir išdėliokite filo puodelius ant kepimo skardos.

2. Dubenyje sumaišykite jalapeño pipirus, Čedaro sūrį, grietinėlės sūrį ir aštrų padažą.

3. Padalinkite mišinį į filo puodelius ir ant viršaus uždėkite šoninės gabalėlius.

4. Kepkite viską orkaitėje apie 15-20 min.

25. Aštri Jalapeno duona

ingridientai

2/3 stiklinės margarino, suminkštinto

2/3 stiklinės baltojo cukraus

2 puodeliai kukurūzų miltų

1 1/3 stiklinės universalių miltų

4 1/2 arbatinio šaukštelio kepimo miltelių

1 arbatinis šaukštelis druskos

3 dideli kiaušiniai

1 2/3 puodelio pieno

1 puodelis kapotų šviežių jalapeño pipirų

Kryptys

1. Prieš darydami ką nors kita, įkaitinkite orkaitę iki 400 laipsnių F ir lengvai patepkite 13 x 9 colių kepimo skardą.

2. Į didelį dubenį suberkite cukrų ir margariną ir plakite iki vientisos masės.

3. Antrame dubenyje sumaišykite miltus, pasukas, kepimo miltelius ir druską.

4. Į trečią dubenį supilkite pieną, kiaušinius ir gerai išplakite.

5. Į cukraus mišinį įpilkite maždaug 1/3 miltų ir kiaušinių mišinio ir plakite, kol gerai susimaišys.

6. Pakartokite su likusiais mišiniais ir suberkite jalapeño pipirus.

7. Mišinį tolygiai supilkite į paruoštą kepimo formą ir viską kepkite orkaitėje apie 22-26 minutes.

26. Jalapeño sriuba

ingridientai

- 6 puodeliai vištienos sriubos
- 2 puodeliai kapotų salierų
- 2 puodeliai susmulkinto svogūno
- 1 arbatinis šaukštelis česnakinės druskos
- 2 svarai. Čederio sūrio kubeliai
- 1 puodelis kubeliais pjaustytų jalapeño pipirų

Kryptys

1. Didelėje keptuvėje ant stiprios ugnies sumaišykite svogūną, salierą, česnakinę druską ir sultinį ir kepkite apie 10 minučių.

2. Viską nukelkite nuo ugnies ir perkelkite į trintuvą su sūriu ir plakite iki vientisos masės.

3. Sudėkite sriubos mišinį į keptuvę ant vidutinės ugnies.

4. Įmaišykite jalapeño pipirus ir virkite, kol įkais.

27. Jalapeño Chili Texas Style

ingridientai

2 pakuotės (12 oz.) Aštrios Jalapeño vištienos dešros

2 šaukštai alyvuogių aliejaus

1/2 puodelio susmulkinto svogūno

1 žalioji paprika, susmulkinta

1 raudona paprika, susmulkinta

1 geltona paprika, susmulkinta 1/2 jalapeño pipirų, susmulkinta

3 skiltelės česnako

2 (15 oz.) skardinės juodųjų sojų pupelių

3 Valgomasis šaukštas čili miltelių

1 arbatinis šaukštelis maltų kmynų

1 šaukštelis džiovintų raudonėlių

2 lauro lapai

1/4 puodelio grietinėlės

Kryptys

1. Didelėje keptuvėje įkaitinkite aliejų ir apkepkite dešrą, papriką, jalapeño pipirą, svogūną ir česnaką apie 4-5 minutes.

2. Sudėkite likusius ingredientus ir sumažinkite ugnį iki minimumo.

3. Viską verdame apie 20 min.

4. Patiekite su grietinėlės užpilu.

28. Karibų-meksikietiška vakarienė

ingridientai

1 arbatinis šaukštelis kokosų aliejaus

1 1/2 puodelio basmati ryžių - išverda per 10 minučių

2 (13,5 oz.) gali uždegti kokosų pieną 2 laimai,

druska su žievele ir sultimis pagal skonį

Skrudinti kukurūzai, Jalapeños ir vištiena:

4 kukurūzų tortilijos, supjaustykite kiekvieną į 1/4 colio juosteles, nepridegančią kepimo purškiklį

2 jalapeño pipirai

1 skardinė (15,25 uncijos) nesmulkintų kukurūzų branduolių, gerai nusausinti

1 valgomasis šaukštas rapsų aliejaus, padalintas

8 uncijos. be odos, be kaulų vištienos krūtinėlė, supjaustyta mažais gabalėliais

2 šaukštai čili miltelių

1 valgomasis šaukštas maltų kmynų

1 puodelis konservuotų juodųjų pupelių, nusausintų

1 puodelis šviežių kapotų pomidorų

1 avokadas - nuluptas, be kauliukų ir supjaustytas kubeliais

4 šaukštai grietinės

Kryptys

1. Prieš darydami ką nors kita, nustatykite orkaitę iki 400 laipsnių F ir lengvai patepkite kepimo skardą.

2. Didelėje keptuvėje ant vidutinės ugnies įkaitinkite aliejų ir pakepinkite ryžius apie 1 minutę.

3. Įmaišykite kokosų pieną, tada padidinkite ugnį ir viską užvirinkite.

4. Sumažinkite ugnį iki mažos ir troškinkite uždengę apie 35 minutes.

5. Viską nukelti nuo ugnies ir palaikyti uždengtą apie 10 min.

6. Ryžius suplakite šakute ir įmaišykite citrinos žievelę, druską ir citrinos sultis.

7. Uždenkite keptuvę, kad ji būtų šilta.

8. Ant paruoštos kepimo skardos išdėliokite tortilijų juosteles ir viską kepkite orkaitėje apie 30 min.

9. Žnyplėmis laikykite jalapeño pipirą ir padėkite ant viryklės maždaug 3 minutes, nuolat vartydami pipirus.

10. Nedelsdami perkelkite paprikas į plastikinį maišelį ir sandariai uždarykite, tada palikite maždaug 5-10 minučių.

11. Nuimkite stiebus, odelę ir sėklas, tada susmulkinkite.

12. Nelipnią keptuvę padenkite kepimo purkštuvu ir įkaitinkite ant vidutinės-stiprios ugnies.

13. Suberkite kukurūzus ir virkite apie 1-3 minutes.

14. Perkelkite kukurūzus į dubenį.

15. Toje pačioje keptuvėje ant vidutinės-stiprios ugnies įkaitinkite aliejų ir apkepkite vištieną, kmynus ir čili miltelius apie 2-3 minutes.

16. Suberkite kukurūzus ir pupeles ir virkite apie 5 minutes.

17. Padalinkite ryžius į serviravimo dubenėlius ir užpilkite vištienos ir pomidorų mišiniu.

18. Patiekite su grietinės užpilu kartu su tortilijos juostelėmis.

29. Texas Jalapeño Chutney

ingridientai

5 persikai, prinokę

2 jalapeños, nuimti stiebai, supjaustyti kubeliais

1 valgomasis šaukštas imbiero, smulkiai supjaustyto

1 šaukštas cukraus

1 šaukštelis malto cinamono

2 šaukštelis citrinos sulčių

Kryptys

1. Persikus nulupkite, tada išimkite kauliukus ir 3 iš jų supjaustykite į dubenį.

2. Į trintuvą suberkite likusius persikus ir supilkite į tyrę.

3. Keptuvėje ant vidutinės ugnies sumaišykite persikų tyrę, imbierą, jalapenijas, cukrų, laimo sultis ir cinamoną.

4. Virkite karts nuo karto pamaišydami apie 5-6 minutes.

5. Suberkite susmulkintus persikus ir viską kepkite, retkarčiais pamaišydami apie 3 minutes arba iki norimo čatnio tirštumo.

6. Viską nukelkite nuo ugnies ir prieš patiekdami leiskite atvėsti.

30. Vengriškas Jalapeño čili

ingridientai

- 2 šaukštai alyvuogių aliejaus

- 2 skiltelės susmulkinto česnako

- 1 didelis svogūnas, stambiai pjaustytas

- 1 raudona paprika, stambiai pjaustyta

- 2 jalapeño pipirai, išskobti ir supjaustyti

- 1 skardinė (15 oz.) pomidorų padažo

- 1 skardinė (28 uncijos) susmulkintų pomidorų
- 3/4 puodelio klevų sirupo
- 1 skardinė (40 uncijų) pupelių, nusausintų
- 1 valgomasis šaukštas stambiai maltų juodųjų pipirų
- 2 šaukštai čili miltelių
- 4 svarai. maltos jautienos griebtuvas
- Druska pagal skonį

Kryptys

1. Didelėje keptuvėje ant vidutinės ugnies įkaitinkite aliejų, papriką ir svogūną ir pakepinkite apie 5-6 minutes.
2. Sudėkite česnaką ir jalapeño ir kepkite apie 1 minutę.
3. Sudėkite pupeles, pomidorus, pomidorų padažą, klevų sirupą, čili ir juoduosius pipirus ir užvirinkite.
4. Sumažinkite šilumą iki žemos.
5. Tuo tarpu įkaitinkite didelę neprideganČią keptuvę ant vidutinės-stiprios ugnies ir kepkite sūdytą jautieną apie 8-10 minučių.

6. Išmeskite riebalų perteklių ir perkelkite jautieną į keptuvę su pupelių mišiniu.

7. Troškinkite, retkarčiais pamaišydami, apie 1 val.

8. Įberkite druskos ir toliau kepkite dar 5 minutes.

31. Viduržemio jūros avinžirnių sriuba

ingridientai

- 2 šaukštai alyvuogių aliejaus
- 5 skiltelės česnako, susmulkintos
- 2 jalapeño pipirai, supjaustyti
- 1 arbatinis šaukštelis maltų kmynų
- 1 arbatinis šaukštelis džiovintų raudonėlių
- 2 skardinės (14 uncijų) avinžirnių, nusausintos ir nuplautos
- 2 skardinės (14 oz.) daržovių sultinio
- 2 puodeliai vandens
- 5 šaukštai šviežių citrinų sulčių
- 1/3 puodelio šviežios kalendros, susmulkintos
- druskos ir pipirų

Kryptys

1. Didelėje sriubos keptuvėje ant vidutinės ugnies įkaitinkite aliejų ir pakepinkite jalapenjas bei česnaką, kol paruduos.
2. Suberkite raudonėlį ir kmynus ir pakepinkite kelias minutes.

3. Avinžirnius, vandenį ir sultinį sumaišykite ir viską pavirkite apie 20 min.

4. Suberkite prieskonius, kalendras ir citrinos sultis ir troškinkite apie 5 minutes.

32. Tradicinis meksikietiškas padažas

ingridientai

2 skardinės pomidorų (16 uncijų).

2 šaukštai aliejaus

1 puodelis svogūno, smulkiai pjaustytas

1 smulkių jalapeno pipirų, susmulkintų

2 česnako skiltelės, susmulkintos

2 šaukštai sultinio

1 arbatinis šaukštelis džiovintų raudonėlių

1 arbatinis šaukštelis džiovintų ančiuvių čili miltelių

1/2 arbatinio šaukštelio kmynų

1/2 arbatinio šaukštelio džiovinto baziliko

Kryptys

1. Pomidorus nusausinkite, palikdami skystį, tada supjaustykite pomidorus.

2. Keptuvėje ant vidutinės ugnies įkaitinkite aliejų ir pakepinkite svogūną, česnaką ir jalapeño apie 5 minutes.

3. Sudėkite pomidorus, rezervuotą skystį ir likusį kiekį Sudedamosios dalys ir viską verdame apie 20-30 minučių, karts nuo karto pamaišydami.

4. Naudodami panardintą trintuvą, mišinį visiškai sutrinkite.

33. Lęšių sriuba

ingridientai

- 1 svaras džiovintų juodųjų pupelių
- 1 1/2 litro vandens
- 1 morka, susmulkinta
- 1 saliero stiebas, susmulkintas
- 1 didelis raudonasis svogūnas, susmulkintas
- 6 skiltelės česnako, susmulkintos
- 2 žalios paprikos, supjaustytos
- 2 jalapeño pipirai, išsėti ir supjaustyti 1/4 puodelio džiovintų lęšių
- 1 skardinė nuluptų ir kubeliais pjaustytų pomidorų
- 2 šaukštai čili miltelių
- 2 arbatiniai šaukšteliai maltų kmynų
- 1/2 arbatinio šaukštelio džiovinto raudonėlio
- 1/2 arbatinio šaukštelio maltų juodųjų pipirų 3 šaukštų raudonojo vyno acto 1 šaukšto druskos
- 1/2 puodelio nevirtų baltųjų ryžių

Kryptys

1. Panardinkite pupeles į maždaug 3 kartus didesnį vandenį.

2. Tada viską padėkite virti 12 minučių.

3. Dabar uždenkite keptuvę dangčiu ir išjunkite ugnį.

4. Leiskite pupelėms stovėti 1 1/2 valandos prieš pašalindami skystį, tada pupeles nuplaukite.

5. Sudėkite pupeles į lėtą viryklę su 1,5 litro gėlo vandens ir virkite 3 valandas.

6. Dabar, po 3 valandų virimo, įpilkite: pomidorų, morkų, lęšių, salierų, druskos, čili miltelių, acto, kmynų, juodųjų pipirų ir raudonėlio, jalapenų, svogūnų, paprikų ir česnako.

7. Ant silpnos ugnies virkite dar 3 valandas. Tada sudėkite ryžius, likus maždaug 25 minutėms iki kepimo laiko.

8. Paimkite pusę sriubos ir sutrinkite trintuvu, tada vėl sudėkite į puodą.

9. Mėgautis.

34. Lengvas Dahlas

ingridientai

1 puodelis raudonųjų lęšių

2 Šaukštai imbiero šaknies, susmulkinti

1 šaukštelio garstyčių sėklų

2 Šaukštai šviežios kapotos kalendros

4 pomidorai, supjaustyti

3 svogūnai, susmulkinti

3 jalapeño pipirai, išskobti ir supjaustyti

1 valgomasis šaukštas maltų kmynų

1 valgomasis šaukštas maltų kalendrų sėklų

6 skiltelės česnako, susmulkintos

2 šaukštai alyvuogių aliejaus

1 puodelis

vandens

druskos pagal

skonį

Kryptys

1. Virkite lęšius su slėgiu, kol suminkštės, arba virkite vandenyje 22 minutes.

2. Pakepinkite garstyčių sėklas, kol pradės stingti, tada sudėkite aliejų, česnaką, svogūną, jalapenijas ir imbierą.

3. Toliau maišykite ir kepkite, kol svogūnas paruduos.

4. Dabar supilkite pomidorus, kmynus ir kalendras.

5. Pomidorus virkite 2 minutes ir tada įpilkite vandens ir viską virkite 7 minutes.

6. Suberkite virtus lęšius ir viską išmaišykite.

7. Pabaigoje įberkite pageidaujamą druskos kiekį.

8. Patiekite su kalendromis. Patiekite su virta basmati.

35. Azijos įkvėpti wontonai

ingridientai

- 1 pakuotė (8 oz.) kreminio sūrio, suminkštinto
- 1 skardinė (4 uncijos) kubeliais pjaustytų jalapeño pipirų
- 20 (3,5 colio kvadratinių) wonton įvyniojimų
- 1/2 puodelio saldaus čili padažo aliejaus, skirto giliai kepti

Kryptys

1. Dubenyje sumaišykite jalapeño pipirus ir kreminį sūrį.
2. Į kiekvieno Wonton įvynioklio centrą įdėkite maždaug 1 arbatinį šaukštelį jalapeño mišinio.
3. Drėgnais pirštais uždenkite vyniotinių kraštelius ir trikampio forma užlenkite ant įdaro.
4. Pirštais paspauskite kraštus, kad jie visiškai užsandarintų.
5. Didelėje keptuvėje įkaitinkite aliejų iki 375 laipsnių F.
6. Sudėkite vontonus dalimis ir virkite apie 2 minutes, retkarčiais apversdami.
7. Perkelkite įvyniojimus į popieriniu rankšluosčiu išklotą lėkštę, kad nuvarvėtų.

8. Patiekite su saldžiu čili padažu.

36. Turkijos pietūs vontonai

ingridientai

- 3/4 puodelio citrinos sulčių

- 1 puodelis džiovintų mėlynių

- 1 1/2 puodelio susmulkintos virtos kalakutienos

- 1 puodelis paruošto įdaro

- 4 uncijos. grietinėlės sūris, suminkštintas 1/4 puodelio tiršto kalakutienos padažo

- 1 pakuotė (14 oz.) Wonton įvynioja druskos pagal skonį

- 3 puodeliai rapsų aliejaus kepimui

- 2 šaukštai susmulkinto svogūno

- 1 valgomasis šaukštas citrinos sulčių

- 1 arbatinis šaukštelis be sėklų ir maltų jalapeño pipirų – arba pagal skonį

- 1 arbatinis šaukštelis malto česnako

- 1 arbatinis šaukštelis vandens

Kryptys

1. Dubenyje sumaišykite džiovintas spanguoles ir citrinos sultis ir atidėkite.

2. Dubenyje sumaišykite kalakutienos padažą, kalakutieną, kreminį sūrį ir įdarą.

3. Į kiekvieno Wonton įvynioklio centrą įdėkite apie 1 valgomąjį šaukštą persikų mišinio.

4. Aptepkite vyniotinių kraštelius kiaušinių baltymų mišiniu ir trikampio pavidalu užlenkite ant įdaro.

5. Pirštais užspauskite kraštus, kad jie visiškai užsifiksuotų ir pabarstykite druska.

6. Didelėje keptuvėje įkaitinkite aliejų ant vidutinės-stiprios ugnies.

7. Sudėkite vontonus dalimis ir kepkite apie 2 minutes iš kiekvienos pusės.

8. Perkelkite įvyniojimus į popieriniu rankšluosčiu išklotą lėkštę, kad nuvarvėtų.

9. Spanguoles visiškai nusausinkite ir sudėkite į virtuvinį kombainą, tada sutrinkite, kol susmulkins.

10. Į dubenį supilkite pjaustytas spanguoles su likusiais ingredientais ir gerai išmaišykite.

11. Patiekite vontonus su spanguolių salsa.

37. Wontons Louisville

ingridientai

- 1/2 puodelio konservuotų žaliųjų čili
- 1/4 puodelio konservuotų jalapeños
- 1 svaras Monterey Jack sūrio, susmulkintas
- Wonton įvynioklis

S.O.S

- 3 avokadai, sutrinti
- 2 šaukštai citrinos sulčių
- 1 arbatinį šaukštelį prieskoninės druskos, sumaišykite
- 1 arbatinis šaukštelis maltos kalendros
- 1/2 stiklinės majonezo
- 3 žali svogūnai, supjaustyti

Kryptys

1. Į maišytuvą įpilkite Monterey Jack sūrio, jalapeno ir žaliosios čili ir plakite iki vientisos masės.

2. Ant vieno Wonton įvyniojimo kampo uždėkite apie 2 šaukštus sūrio mišinio ir užlenkite tą kampą ant įdaro.

3. Sulenkite dešinįjį ir kairįjį kampus ir sudrėkinkite likusį kampą prieš nulenkdami.

4. Didelėje keptuvėje įkaitinkite aliejų iki 350 laipsnių F.

5. Sudėkite vontonus dalimis ir virkite apie 1-2 minutes.

6. Perkelkite įvyniojimus į popieriniu rankšluosčiu išklotą lėkštę, kad nuvarvėtų.

7. Padažui dubenyje sumaišome visus padažo ingredientus.

8. Patiekite vontoną su padažu.

38. Šviesūs meksikietiški rudieji ryžiai

ingridientai

- 2 puodeliai virtų rudųjų ryžių
- 1 skardinė (15 uncijų) pupelių, nuplaunama ir nusausinta
- 1 skardinė (15 uncijų) juodųjų pupelių, nuplaunama ir nusausinta
- 1 skardinė (15,25 oz.) nesmulkintų kukurūzų branduolių, nusausinta
- 1 nedidelis svogūnas, supjaustytas kubeliais
- 1 žalia paprika, supjaustyta kubeliais
- 2 jalapeño pipirai, išskobti ir supjaustyti kubeliais
- 1 žaliasis laimas su žievele ir sultimis
- 1/4 puodelio kapotų kalendros lapelių
- 1 arbatinis šaukštelis malto česnako
- 1 1/2 arbatinio šaukštelio maltų kmynų
- Druska pagal skonį

Kryptys

1. Paimkite dubenį, sumaišykite: kmynus, ryžius, česnaką, pupeles, kalendrą, kukurūzus, citrinos sultis ir žievelę, svogūną, jalapenijas ir žaliąsias paprikas.

2. Įberkite pageidaujamą pipirų ir druskos kiekį, turinį 60 minučių palaikykite šaldytuve, tada viską išmaišykite ir patiekite.

3. Mėgautis.

39. Azijietiška vištienos sriuba

ingridientai

- 3 litrai vištienos sultinio
- 2 šviežios citrinžolės stiebai (kiekvienas 12-18 colių ilgio)
- 12 griežinėlių šviežio imbiero (plonos, ketvirčio dydžio)
- 6 šviežios jalapeno paprikos
- 1 1/4 svaro kopūstų
- 8 uncijos. grybai
- 2 morkos
- 2 svarai vištienos krūtinėlės be kaulų, be odos
- 4 skiltelės česnako, nuvalytos ir susmulkintos
- 1 (14 1/2 uncijos) skardinė supjaustytų pomidorų
- 1/2 puodelio citrinos sulčių
- 2 šaukštai azijietiško žuvies padažo
- 1/3 puodelio plonais griežinėliais pjaustytų žaliųjų svogūnų
- 5 puodeliai karštų ryžių
- 2 citrinos, supjaustytos

- 1 1/2 puodelio šviežios kapotos kalendros

Kryptys

1. Didelėje keptuvėje ant stiprios ugnies užvirinkite sultinį.

2. Nupjaukite citrinžolės stiebus, tada išmeskite išorinius sluoksnius, kiekvieną stiebelį supjaustykite 3 colių ilgio.

3. Švelniai sutrinkite imbiero ir citrinžolės gabalėlius.

4. 2 jalapeños perpjaukite per pusę, o likusias smulkiai supjaustykite.

5. Į puodą su verdančiu sultiniu supilkite citrinžolę, imbierą ir perpus perpjautas jalapenjas ir sumažinkite ugnį.

6. Verdame uždengę apie 20-30 min.

7. Tuo tarpu susmulkinkite kopūstą ir supjaustykite grybus 1/4 colio storio griežinėliais, išmesdami stiebo galus ir pakitusias spalvas.

8. Morkas nulupkite ir supjaustykite 1/4 colio storio griežinėliais.

9. Vištieną supjaustykite 1/4 colio storio, 1 1/2-2 colio ilgio griežinėliais.

10. Į sultinį supilkite: morkas, grybus, kopūstą ir česnaką ir virkite ant stiprios ugnies.

11. Sumažinkite ugnį ir troškinkite uždengę apie 8-10 minučių.

12. Įpilkite sultinio pomidorų ir vištienos ir padidinkite ugnį iki didelės.

13. Virkite uždengę apie 3-5 minutes.

14. Sumaišykite žuvies padažą su citrinos sultimis ir suberkite žalius svogūnus.

15. Patiekite su ryžiais, citrinos griežinėliais, kalendra ir smulkintais čili pipirais.

40. Kambodžos kario padažas

ingridientai

1/3 puodelio citrinžolės

4 skiltelės česnako

1 arbatinis šaukštelis galangal, džiovintas

1 arbatinis šaukštelis maltos ciberžolės

1 jalapeño čili su stiebu ir sėklomis

3 askaloniniai česnakai

3 1/2 stiklinės kokosų pieno

3 kaffir liepų lapai

1 žiupsnelis druskos

Kryptys

1. Į virtuvinį kombainą sudėkite citrinžolę, askaloninius česnakus, galangalą, česnaką ir jalapeño ir plakite iki tyrės.

2. Į keptuvę supilkite kokosų pieną ir užvirinkite, tada įmaišykite tyrės mišinį.

3. Suberkite druską ir žaliosios citrinos lapelius ir nuolat maišydami virkite apie 5 minutes.

4. Sumažinkite ugnį iki minimumo ir troškinkite apie 30 minučių, retkarčiais pamaišydami.

5. Liepų lapus išmeskite.

6. 1 porcijai įpilkite 1/2 puodelio šio kario padažo į negilią keptuvę.

7. Įpilkite 1/2 puodelio mėsos arba daržovių ir užvirkite iki vidutinės virimo ir virkite iki norimo iškepimo.

41. Baltasis čili

ingridientai

- 1 valgomasis šaukštas augalinio aliejaus
- 1 svogūnas, supjaustytas
- 3 skiltelės česnako, susmulkintos
- 1 skardinė (4 uncijos) kubeliais pjaustytų jalapeño pipirų
- 1 skardinė (4 uncijos) kubeliais pjaustytų žaliųjų čili pipirų
- 2 arbatiniai šaukšteliai maltų kmynų
- 1 arbatinis šaukštelis džiovintų raudonėlių
- 1 arbatinis šaukštelis maltų kajeno pipirų
- 2 skardinės (14,5 uncijos) vištienos sultinio
- 3 puodeliai kubeliais pjaustytos virtos vištienos krūtinėlės
- 3 (15 uncijų) skardinės baltųjų pupelių
- 1 puodelis susmulkinto Monterey Jack sūrio

Kryptys

1. Svogūną pakepinkite aliejuje, kol suminkštės, tada suberkite kajeną, česnaką, raudonėlį, jalapenijas, kmynus ir aitriąją papriką.

2. Virkite šį mišinį dar 4 minutes, tada supilkite pupeles, vištieną ir sultinį.

3. Viską užvirkite, tada sumažinkite ugnį ir troškinkite turinį 17 minučių.

4. Maišykite čili kas 4 minutes.

5. Išjunkite ugnį ir suberkite sūrį.

6. Kai sūris išsilydys, jūsų čili yra paruošta patiekti.

42. Jalapeño Gazpacho

ingridientai

- 2 puodeliai susmulkintų cukinijų
- 1 svogūnas, stambiai pjaustytas
- 1 avokadas - nuluptas, be kauliukų ir stambiai supjaustytas
- 1/2 puodelio konservuotų garbanzo pupelių, nusausintų
- 1/4 puodelio obuolių sidro acto
- 1 jalapeño pipiras, išskobtas ir susmulkintas
- 2 arbatiniai šaukšteliai citrinos sulčių (nebūtina)
- 1 skiltelė česnako, susmulkinta
- 1/4 arbatinio šaukštelio druskos ar daugiau pagal skonį
- 1/4 arbatinio šaukštelio maltų juodųjų pipirų ar daugiau pagal skonį

Kryptys

1. Paimkite dubenį, sumaišykite: pipirus, cukinijas, česnaką, druską, svogūną, laimo sultis, avokadą, jalapeną, garbanzą ir sidro actą.

2. Išmaišykite mišinį, kad turinys tolygiai pasiskirstytų, ir uždėkite plastikinį dangtelį aplink dubenį.

3. Viską padėkite į šaldytuvą 2 valandoms.

4. Mėgautis.

43. Avokadų salsa

ingridientai

- 1 mangas, nuluptas, išskobtas ir supjaustytas kubeliais

- 1 avokadas, nuluptas, be kauliukų ir supjaustytas kubeliais

- 4 vidutiniai pomidorai, supjaustyti kubeliais

- 1 jalapeño pipiras, išsmulkintas ir supjaustytas kubeliais 1/2 puodelio šviežios kapotos kalendros

- 3 skiltelės česnako, supjaustytos kubeliais

- 1 arbatinis šaukštelis druskos

- 2 šaukštai šviežių citrinų sulčių
- 1/4 puodelio susmulkinto raudonojo svogūno
- 3 šaukštai alyvuogių aliejaus

Kryptys

1. Paimkite dubenį, sumaišykite: česnaką, mangą, kalendrą, avokadą ir pomidorus.

2. Išmaišykite mišinį, tada įpilkite alyvuogių aliejaus, druskos, raudonojo svogūno ir citrinos sulčių.

3. Išmaišykite salsą, kad skysčiai tolygiai pasiskirstytų. Tada ant dubens uždėkite plastikinį dangtelį ir padėkite viską į šaldytuvą 40 minučių.

4. Mėgautis.

44. Naujasis pasaulis Ceviche

ingridientai

- 1 pakuotė (16 oz.) virtų, nuluptų ir nuluptų vidutinių krevečių
- 2 pakeliai (8 uncijos) krabų mėsos imitacijos, supjaustytos 1 colio gabalėliais
- 5 pomidorai, supjaustyti kubeliais
- 3 avokadai, nulupti ir supjaustyti kubeliais
- 1 angliškas agurkas, nuluptas ir supjaustytas mažais gabalėliais
- 1 raudonasis svogūnas, supjaustytas
- 1 ryšelis kalendros, susmulkintos arba daugiau pagal skonį
- 4 laimai, sultys
- 2 jalapeño pipirai, išskobti ir smulkiai supjaustyti
- 2 skiltelės česnako, suspaustos
- 1 butelis (64 oz.) pomidorų sulčių ir moliuskų druskos bei maltų juodųjų pipirų pagal skonį

Kryptys

1. Paimkite dubenį, sumaišykite: česnaką, krabą, jalapeño, pomidorą, laimo sultis, avokadą, krevetes, kalendrą, agurką ir raudonąjį svogūną.

2. Išmaišykite mišinį, tada supilkite moliuskų sulčių kokteilį.

3. Dar kartą išmaišykite mišinį, tada uždėkite plastikinį dangtelį ant dubens ir padėkite viską į šaldytuvą 8 valandoms.

4. Mėgautis.

45. Aštrūs meksikietiški popsicles

ingridientai

- 3 puodeliai agurkų
- 2/3 stiklinės cukraus
- 1/3 puodelio citrinos sulčių
- 1 jalapeño čili be sėklų

Kryptys

1. Į virtuvinio kombaino dubenį įpilkite: agurkų, cukraus, žaliosios citrinos ir jalapeno.
2. Pulkite mišinį, kol gausite tyrę, tada viską perkoškite per sietelį.
3. Padalinkite mišinį tarp ledukų formelių ir šaldykite per naktį.
4. Mėgautis.

46. Ispaniška lazanija

ingridientai

- 4 puodeliai pjaustytų konservuotų pomidorų
- 1 skardinė (7 uncijos) kubeliais pjaustytų žaliųjų čili pipirų
- 1 skardinė (4 uncijos) kubeliais pjaustytų jalapeño pipirų
- 1 svogūnas, supjaustytas
- 3 skiltelės česnako, susmulkintos
- 10 šakelių šviežios kalendros, susmulkintos
- 2 šaukštai maltų kmynų
- 2 kg aštrios jautienos dešros arba itališkos kalakutienos dešros
- 1 indelis (32 uncijos) rikotos sūrio
- 4 kiaušiniai, lengvai paplakti
- 1 pakuotė (16 uncijų) meksikietiško stiliaus susmulkinto keturių sūrių mišinio
- 1 pakuotė (8 uncijos) nevirti lazanijos makaronų

Kryptys

1. Virkite 2 minutes, tada troškinkite 55 minutes: kalendra, pomidorai, kmynai, žalieji čili pipirai, česnakai, svogūnai ir jalapenos.

2. Paimkite dubenį, sumaišykite: išplaktus kiaušinius ir rikotą.

3. Prieš tęsdami, nustatykite orkaitę iki 350 laipsnių.

4. Apkepkite jautienos dešreles. Tada pašalinkite aliejaus perteklių ir susmulkinkite mėsą.

5. Kepimo indą užtepkite lengvu padažo sluoksniu, tada sluoksniuokite: dešra, 1/2 padažo, 1/2 tarkuoto sūrio, lazanijos makaronų, rikotos, daugiau makaronų, visas likęs padažas ir dar tarkuoto sūrio.

6. Padenkite folijos lakštą nepridegančiu purškikliu ir uždenkite lazaniją.
   Virkite uždengę 30 minučių ir neuždengę 15 minučių.

7. Mėgautis.

47. Kreminis vištienos fettuccinas

ingridientai

- 1 svaras sausų fettuccine makaronų
- 2 šaukštai augalinio aliejaus
- 1/4 puodelio supjaustyto svogūno
- 1/2 puodelio kapotų geltonųjų moliūgų
- 1/2 puodelio cukinijos, supjaustytos įstrižai 1/2 colio storio griežinėliais
- 3/4 puodelio pjaustytų grybų (nebūtina)
- 1 1/4 puodelio riebios grietinėlės
- 1 jalapeño pipiras, išskobtas ir supjaustytas kubeliais
- 1 arbatinis šaukštelis supjaustyto česnako
- 1 valgomasis šaukštas Dižono garstyčių
- 1 šaukštas cajun prieskonių
- 1/2 puodelio tarkuoto parmezano
- 1/2 puodelio kubeliais pjaustytų pomidorų druskos ir pipirų pagal skonį
- 3 šaukštai augalinio aliejaus

- 1 svaras vištienos krūtinėlės, supjaustytos 1/2 colio gabalėliais, miltais

Kryptys

1. Fettuccine virkite 10 minučių vandenyje ir druskoje.

2. Paimkite keptuvę, įkaitinkite šiek tiek aliejaus ir kepkite 5 minutes: grybus, svogūnus, cukinijas ir moliūgus.

3. Grietinėlę ir makaronus sumaišykite su svogūnu ir švelniai virkite 5 minutes. Dabar pridėkite cajun prieskonių, jalapeño, garstyčių ir česnako. Virkite dar 2 minutes.

4. Paimkite antrą keptuvę ir kepkite vištieną, apibarstytą miltais, 3 šaukštuose aliejaus, kol ji visiškai iškeps.

5. Sumaišykite viską, vištieną, daržoves ir makaronus.

6. Mėgautis.

48. Chipotle kopūstų salotos

Ingredientas

- 1 galva žalio kopūsto, susmulkinta
- 1 svogūnas, susmulkintas
- 2 morkos, susmulkintos
- 2 jalapeño pipirai, supjaustyti
- 1 kiaušinis
- 1 nedidelė citrina, su sultimis
- 1 valgomasis šaukštas baltojo acto
- 1/4 arbatinio šaukštelio druskos
- 1 puodelis augalinio aliejaus
- 2 šaukštai paruoštų garstyčių
- 2 šaukštai baltojo cukraus
- 1 valgomasis šaukštas sidro acto
- 1/2 arbatinio šaukštelio maltų chipotle pipirų
- 1/2 arbatinio šaukštelio salierų druskos

Kryptys

1. Dideliame dubenyje sumaišykite morkas, kopūstą, svogūną ir jalapeño pipirus.

2. Majonezui virtuviniu kombainu supilkite kiaušinį, citrinos sultis, baltąjį actą, druską ir plakite, kol susidarys vienalytė masė.

3. Varikliui veikiant lėtai, įpilkite alyvos ir pulsuokite iki vientisos ir storos masės ir supilkite į didelį dubenį.

4. Sudėkite visus padažo ingredientus ir maišykite, kol gerai susimaišys.

5. Užpilkite padažu ant salotų ir plakite, kol gerai susimaišys.

6. Prieš patiekdami uždenkite ir laikykite šaldytuve mažiausiai 2 valandas.

49. Jalapeño, Cilantro ir Mango Tilapia

ingridientai

- 1/3 puodelio aukščiausios kokybės pirmojo spaudimo alyvuogių aliejaus
- 1 valgomasis šaukštas citrinos sulčių
- 1 valgomasis šaukštas kapotų šviežių petražolių
- 1 skiltelė česnako, susmulkinta
- 1 arbatinis šaukštelis džiovinto baziliko
- 1 arbatinis šaukštelis maltų juodųjų pipirų
- 1/2 arbatinio šaukštelio druskos
- 2 (6 uncijos) tilapijos filė
- 1 didelis prinokęs mangas, nuluptas, be kauliukų ir supjaustytas kubeliais 1/2 raudonosios paprikos, supjaustytos kubeliais
- 2 šaukštai susmulkinto raudonojo svogūno
- 1 valgomasis šaukštas kubeliais pjaustytos šviežios kalendros
- 1 jalapeño pipiras, išskobtas ir susmulkintas
- 2 šaukštai citrinos sulčių

- 1 valgomasis šaukštas citrinos sulčių
- druskos ir pipirų pagal skonį

Kryptys

1. Paimkite dubenį, sumaišykite: pusę arbatinio šaukštelio druskos, alyvuogių aliejaus, 1 arbatinį šaukštelį pipirų, 1 šaukštą citrinos sulčių, baziliko, česnako ir petražolių.

2. Aptepkite žuvies gabaliukus, taip pat juos sumaišydami dubenyje.

3. Uždenkite dubenį dangčiu ir šaldykite 60 minučių.

4. Paimkite antrą dubenį, sumaišykite: 1 šaukštą laimo sulčių, mangų, pipirų, laimo sulčių, papriką, druską, jalapeños, kalendrą ir raudonąjį svogūną.

5. Šį mišinį taip pat uždenkite ir atšaldykite.

6. Įkaitinkite grilį ir ištepkite groteles aliejumi.

7. Kepkite žuvies gabaliukus po 5 minutes iš kiekvienos pusės, o patiekdami papuoškite juos mangų mišiniu.

50. Krevetės Tailande

ingridientai

- 4 skiltelės česnako, nuluptos
- 1 (1 colio) šviežio imbiero šaknies gabalėlis
- 1 šviežias jalapeño pipiras, be sėklų
- 1/2 arbatinio šaukštelio druskos
- 1/2 arbatinio šaukštelio maltos ciberžolės
- 2 šaukštai augalinio aliejaus
- 1 vidutinio dydžio svogūnas, supjaustytas kubeliais
- 1 kg vidutinių krevečių - nuvalytos ir nuskustos
- 2 pomidorai, išskobti ir supjaustyti kubeliais
- 1 puodelis kokoso pieno
- 3 šaukštai kapotų šviežių baziliko lapelių

Kryptys

1. Česnako, ciberžolės, imbiero ir jalapeno mišinį sutrinkite trintuvu iki vientisos masės.

2. Kelias minutes pakepinkite svogūną įkaitintame aliejuje, prieš suberdami prieskonių pastą ir kepkite dar kelias minutes.

3. Jame keletą minučių pakepinkite krevetes, tada supilkite pomidorus ir kokosų pieną ir kepkite penkias minutes uždengę dangtį.

4. Dabar virkite dar penkias minutes neuždengę, kad gautumėte tirštą padažą.

5. Paskutinę minutę taip pat pridėkite šiek tiek šviežio baziliko.

6. Tarnauti.

51. Trinti vištiena

ingridientai

1/2 žalio svogūno, supjaustyto

1/4 puodelio apelsinų sulčių

1 valgomasis šaukštas šviežiai susmulkintos imbiero šaknies

1 valgomasis šaukštas kapotų jalapeño paprikų

1 valgomasis šaukštas citrinos sulčių

1 valgomasis šaukštas sojos padažo

1 skiltelė česnako, susmulkinta

1 arbatinis šaukštelis maltų kvapiųjų pipirų

1/4 arbatinio šaukštelio malto cinamono

1/2 arbatinio šaukštelio maltų gvazdikėlių

1 (2-3 svarai) visa vištiena, supjaustyta gabalėliais

Kryptys

1.Marinatui tolygiai išmaišykite: gvazdikėlius, svogūną, cinamoną, apelsinų sultis, kvapiuosius pipirus, imbierą, česnaką, pipirus, sojų padažą ir citrinos sultis.

2. Uždenkite vištieną marinatu. Uždėkite dangtelį ant talpyklos. Viską dėkite į šaldytuvą 7-8 valandoms.

3. Padėkite ant karštų grotelių. Kepkite vištieną ant grotelių, kol iškeps, laikas priklauso nuo karščio lygio. 7-8 minutes kiekvienoje pusėje. Virkite papildomą marinatą 5 minutes ir naudokite kaip užpilą arba išmeskite.

4. Mėgaukitės.

52. Jamaikos salotos

ingridientai

- 2 vištienos krūtinėlės puselės be odos ir kaulų
- 1/2 puodelio teriyaki marinato padažo
- 2 pomidorai, išskobti ir supjaustyti kubeliais
- 1/2 puodelio kubeliais supjaustyto svogūno
- 2 arbatiniai šaukšteliai kapotų jalapeño pipirų
- 2 arbatiniai šaukšteliai šviežios, kubeliais pjaustytos kalendros
- 1/4 puodelio Dižono garstyčių
- 1/4 puodelio medaus
- 1 1/2 šaukšto baltojo cukraus
- 1 valgomasis šaukštas augalinio aliejaus
- 1 1/2 šaukšto sidro acto
- 1 1/2 arbatinio šaukštelio citrinos sulčių
- 3/4 svaro mišrių salotų žalumynų
- 1 skardinė (8 oz.) ananasų gabaliukai, nusausinti
- 4 puodeliai kukurūzų tortilijos traškučių

Kryptys

1. Paimkite dubenį, sumaišykite: teriyaki ir vištieną.
2. Uždenkite dubenį dangčiu ir šaldykite 3 valandas.
3. Paimkite antrą dubenį, sumaišykite: kalendrą, pomidorus, jalapeños ir svogūną.
4. Šį dubenį taip pat uždenkite dangčiu, o turinį taip pat atvėsinkite šaldytuve.
5. Paimkite trečią dubenį, sumaišykite: citrinos sultis, garstyčias, actą, medų, aliejų ir cukrų.
6. Gauk mišinį gražiai ir lygiai, tada dubenį uždenk dangčiu ir taip pat padėkite į šaldytuvą.
7. Dabar įkaitinkite groteles ir sutepkite groteles. Kepkite vištieną 9 minutes iš kiekvienos pusės.
8. Padėkite žalumynus ant serviravimo lėkštės, tada uždenkite juos antrojo dubenėlio turiniu, tada įdėkite ananasų ir susmulkintų tortilijos traškučių.
9. Įdėkite pageidaujamą ant grotelių keptos vištienos kiekį, tada gausiai viską užpilkite saldžiu padažu iš trečiojo dubenėlio. Mėgautis.

53. Kūdikių kokosas

ingridientai

- 1 arbatinis šaukštelis maltų kmynų
- 1 arbatinis šaukštelis maltų kajeno pipirų
- 1 arbatinis šaukštelis maltos ciberžolės
- 1 arbatinis šaukštelis maltos kalendros
- 4 vištienos krūtinėlės pusės be odos ir kaulų pagal skonį druskos ir pipirų
- 2 šaukštai alyvuogių aliejaus

- 1 svogūnas, supjaustytas

- 1 valgomasis šaukštas šviežiai susmulkinto imbiero

- 2 jalapeño pipirai, išskobti ir supjaustyti kubeliais

- 2 skiltelės česnako, susmulkintos

- 3 pomidorai, išskobti ir supjaustyti kubeliais

- 1 (14 oz.) skardinė kokosų pieno

- 1 krūva šviežių petražolių, supjaustytų kubeliais

Kryptys

1. Paimkite dubenį, sumaišykite: kalendrą, kmyną, ciberžolę ir kajeną.

2. Dabar įpilkite vištienos, šiek tiek pipirų ir druskos.

3. Išmaišykite turinį, kad vištienos gabalėliai tolygiai pasidengtų.

4. Dabar pradėkite kepti vištieną 1 šaukšte alyvuogių aliejaus, kol iškeps, 16 minučių. Padėkite vištieną ant šono.

5. Supilkite likusį aliejų ir pradėkite kepti 7 minutes: česnaką, svogūną, jalapeños ir imbierą.

6. Sudėkite pomidorus ir virkite mišinį dar 10 minučių prieš supildami kokosų pieną.

7. Vištieną uždenkite pomidorų ir kokosų mišiniu, o tada šiek tiek petražolių.

8. Mėgaukitės savimi.

54. Majų kuskusas

ingridientai

- 1 puodelis kuskuso

- 1/2 arbatinio šaukštelio maltų kmynų
- 1 arbatinis šaukštelis druskos arba pagal skonį
- 1 1/4 stiklinės verdančio vandens
- 1 nelupto česnako skiltelė
- 1 skardinė (15 uncijų) juodųjų pupelių, nuplaunama ir nusausinta
- 1 puodelis konservuotų viso branduolio kukurūzų, nusausintų
- 1/2 puodelio smulkiai supjaustyto raudonojo svogūno
- 1/4 puodelio šviežios kapotos kalendros
- 1 jalapeño pipiras, susmulkintas
- 3 šaukštai alyvuogių aliejaus
- 3 šaukštai šviežių citrinų sulčių arba pagal skonį

Kryptys

1. Į didelį dubenį įpilkite verdančio vandens į druskos ir kuskuso mišinį ir uždenkite plastikine plėvele prieš palikdami maždaug dešimt minučių.

2. Tuo tarpu nenuluptą česnaką kepkite įkaitintame aliejuje ant vidutinės ugnies iki auksinės rudos spalvos.

3. Dabar sutraiškykite šį česnaką ir sudėkite į kuskusą kartu su juodosiomis pupelėmis, svogūnais, kalendra, kukurūzais, jalapeño pipirais, alyvuogių aliejumi ir citrinos sultimis.

4. Tarnauti.

55. Kepsnių fajitas

ingridientai

Tacos:

- 1 valgomasis šaukštas augalinio aliejaus
- 1 pakuotė (1 uncija) taco prieskonių mišinio
- 1 (1 1/4 svaro) šoninis kepsnys, pašalintas nuo riebalų pertekliaus
- 8 (6 colių) miltinės tortilijos minkštiems taco ir fajitas

Mango salsa:

- 2 vidutiniškai prinokę mangai, išskobti, nulupti ir supjaustyti kubeliais
- 1 vidutinio laimo sultys
- 1 jalapeño čili be sėklų, susmulkintas
- 1/4 puodelio susmulkinto raudonojo svogūno
- 1/4 puodelio kapotų šviežių kalendros lapelių

Kryptys

1. Prieš darydami ką nors kita, įkaitinkite orkaitę iki 400 laipsnių F.

2. Apkepkite šoninį kepsnį, uždėję taco prieskonių, kepkite ant stiprios ugnies, kol paruduos, ir dėkite į įkaitintą orkaitę, kol suminkštės.

3. Leiskite atvėsti apie 10 minučių ir per tą laiką gerai sumaišykite visus salsos ingredientus.

4. Paruoštą kepsnį supjaustykite mažais gabalėliais, o tortiliją perlenkite į tris dalis su trupučiu salsos.

56.Meksikietiški raudonieji ryžiai

ingridientai

2 Roma (slyviniai pomidorai), be kauliukų

2 šaukštai augalinio aliejaus

1 puodelis susmulkinto svogūno

2 česnako skiltelės, susmulkintos

1 puodelis nevirtų ilgagrūdžių baltųjų ryžių

1 3/4 puodelio mažai natrio turinčios vištienos sriubos 1/4 puodelio konservuotų pomidorų padažo

1 jalapeño pipiras, susmulkintas

Kryptys

1. Naudodami dėžutę ir išmesdami pomidorų odeles, sutarkuokite pomidorus ir sudėkite į vidutinį dubenį.

2. Dabar kepkite svogūną ir sudėkite česnaką į karštą aliejų maždaug 5 minutes prieš česnaką ir vieną minutę po česnako įdėjimo.

3. Dabar suberkite ryžius ir virkite dar 3 minutes, kad gautumėte lengvai apkeptus ryžius.

4. Įpylę vištienos pomidorų padažo, trintų pomidorų ir vištienos sultinio, viską užvirkite.

5. Pabarstykite jalapeño pipirus, druską ir kalendrą prieš sumažindami ugnį iki mažos ir kepdami dar 15 minučių, uždengdami keptuvę dangčiu.

6. Dabar nukelkite ryžius nuo ugnies ir leiskite uždengtiems stovėti keptuvėje apie 8 minutes, prieš perkeldami į serviravimo indą.

57. Žalioji salsa

ingridientai

2 kilogramai pomidorų, nulupti

2 šviežių jalapeño pipirų

3 česnako skiltelės, nuluptos

1 gvazdikėlio brūkšnys

1/2 arbatinio šaukštelio maltų kmynų

1 žiupsnelis juodųjų pipirų

1 arbatinis šaukštelis vištienos sultinio granulių arba druskos

Kryptys

1. Pomidorus, jalapeños ir česnakus išvirkite didelėje keptuvėje, įdėję į vandenį.

2. Dabar užvirkite ir virkite apie 10 minučių arba tol, kol pomidorai taps geltoni, sumažinę ugnį iki vidutinės.

3. Leiskite atvėsti 10 minučių ir tada, kai ištrauksite visą vandenį; sudėkite šiuos pomidorus kartu su gvazdikėliais, pipirais, kmynais ir vištienos sultiniu į maišytuvą.

4. Maišykite, kol pasieksite reikiamą glotnumą.

THAI, SERRANO, CAYENNE ČILĖS

58. Krepas su avinžirnių miltais

IŠELIS: 8

ingridientai

- 2 puodeliai (184 g) gramų (avinžirnių) miltų (besan)

- 1½ puodelio (356 g) vandens

- 1 mažas svogūnas, nuluptas ir susmulkintas (apie ½ puodelio [75 g])

- 1 gabalas imbiero šaknies, nuluptos ir sutarkuotos arba susmulkintos

- 1–3 žaliosios tajų, serrano arba kajeno paprikos, susmulkintos

- ¼ puodelio (7 g) džiovintų ožragės lapų (kasoori methi)

- ½ puodelio (8 g) šviežios kalendros, susmulkintos

- 1 arbatinis šaukštelis rupios jūros druskos

- ½ arbatinio šaukštelio maltos kalendros

- ½ šaukštelio ciberžolės miltelių

- 1 arbatinis šaukštelis raudonųjų čili miltelių arba kajeno aliejaus, skirtas kepti

Kryptys

a) Giliame dubenyje sumaišykite miltus ir vandenį iki vientisos masės. Man patinka pradėti nuo šluotelės, o tada šaukšto nugarėlėmis suskaidyti nedidelius miltų gumuliukus, kurie paprastai susidaro.

b) Leiskite mišiniui stovėti mažiausiai 20 minučių.

c) Sudėkite likusius ingredientus, išskyrus aliejų, ir gerai išmaišykite.

d) Įkaitinkite grilį ant vidutinės-stiprios ugnies.

e) Įpilkite ½ arbatinio šaukštelio aliejaus ir šaukšto ar popierinio rankšluosčio nugara paskleiskite ant grotelių. Taip pat galite naudoti kepimo purškiklį, kad keptuvę tolygiai padengtumėte.

f) Kaušas supilkite ¼ puodelio tešlos į keptuvės vidurį. Kaušo nugarėlėje paskleiskite tešlą sukamaisiais judesiais pagal laikrodžio rodyklę nuo keptuvės centro iki išorės, kad susidarytų plonas, apvalus, maždaug 5 colių (12,5 cm) skersmens blynas.

g) Kepkite, kol viena pusė lengvai apskrus, maždaug 2 minutes, tada apverskite, kad iškeptų kita pusė. Paspauskite mentele, kad įsitikintumėte, jog vidurys taip pat iškepęs.

h) Likusią tešlą išvirti, prireikus įpilant aliejaus, kad nesuliptų.

i) Patiekite su mano mėtų arba persikų chutney šonu.

59. Kvietiniai blyneliai

IŠELIS: 6 TAURĖS

ingridientai

- 3 puodeliai kviečių grietinėlės
- 2 puodeliai nesaldinto paprasto sojų jogurto
- 3 puodeliai vandens
- 1 arbatinis šaukštelis rupios jūros druskos
- ½ arbatinio šaukštelio maltų juodųjų pipirų
- ½ šaukštelio raudonosios čili arba kajeno miltelių
- ½ geltonojo arba raudonojo svogūno, nulupto ir smulkiai supjaustyto
- 1–2 žalios tajų, serrano arba kajeno paprikos, susmulkintos
- Aliejų atidėkite kepti nedideliame dubenyje
- ½ didelio svogūno, nulupto ir perpjauto per pusę (kepei ruošti)

Kryptys

a) Giliame dubenyje sumaišykite kviečių grietinėlę, jogurtą, vandenį, druską, juoduosius pipirus ir čili miltelius ir atidėkite 30 minučių, kad švelniai fermentuotųsi.

b) Sudėkite kubeliais pjaustytą svogūną ir čili. Švelniai išmaišykite.

c) Įkaitinkite grilį ant vidutinės-stiprios ugnies. Į keptuvę įpilkite 1 arbatinį šaukštelį aliejaus.

d) Kai keptuvė įkaista, įsmeikite šakutę į nepjaustytą, apvalią svogūno dalį. Laikydami už šakutės rankenos, įtrinkite perpjautą svogūno pusę pirmyn ir atgal per keptuvę. Šilumos, svogūnų sulčių ir aliejaus derinys neleidžia dozei prilipti. Laikykite svogūną su šakute po ranka, kad vėl galėtumėte naudoti tarp dozių. Kai nuo keptuvės pajuoduos, plonai perpjaukite per veidą.

e) Nedidelį dubenį su aliejumi šaukštu padėkite į vieną pusę – jį panaudosite vėliau.

f) Dabar pagaliau prie maisto gaminimo! Į paruoštos karštos keptuvės vidurį dėkite šiek tiek daugiau nei ¼ puodelio tešlos. Keptuvės nugarėlėje lėtai judėkite pagal laikrodžio rodyklę nuo keptuvės vidurio iki išorinio krašto, kol tešla taps plona ir panaši į krepą. Jei mišinys iš karto pradeda burbuliuoti, tiesiog šiek tiek sumažinkite ugnį.

g) Mažu šaukšteliu plona srovele supilkite aliejų ratu aplink tešlą.

h) Leiskite dosai virti, kol lengvai paruduos ir atsitrauks nuo keptuvės. Apverskite ir kepkite kitą pusę.

60. Masala Tofu Scramble

IŠELIS: 2 TAURĖS

ingridientai

- 14 uncijų pakuotė ekologiškas ypač tvirtas tofu
- 1 valgomasis šaukštas aliejaus
- 1 arbatinis šaukštelis kmynų sėklų
- ½ mažo balto arba raudonojo svogūno, nulupto ir susmulkinto
- 1 gabalas imbiero šaknies, nuluptos ir sutarkuotos
- 1-2 žalios tajų, serrano arba kajeno paprikos, susmulkintos
- ½ šaukštelio ciberžolės miltelių
- ½ šaukštelio raudonosios čili arba kajeno miltelių
- ½ arbatinio šaukštelio rupios jūros druskos
- ½ arbatinio šaukštelio juodosios druskos
- ¼ puodelio (4 g) šviežios kalendros, susmulkintos

Kryptys

a) Tofu sutrupinkite rankomis ir atidėkite į šalį.

b) Sunkioje, plokščioje keptuvėje įkaitinkite aliejų ant vidutinės-stiprios ugnies.

c) Suberkite kmynus ir virkite, kol sėklos sušnypš, apie 30 sekundžių.

d) Sudėkite svogūną, imbiero šaknį, čili ir ciberžolę. Virkite ir kepkite 1-2 minutes, maišydami, kad nepriliptų.

e) Įpilkite tofu ir gerai išmaišykite, kad įsitikintumėte, jog visas mišinys nuo ciberžolės pagelsta.

f) Įpilkite raudonųjų čili miltelių, jūros druskos, juodosios druskos (kala namak) ir kalendros. Gerai išmaišykite.

g) Patiekite su skrebučiais arba apvoliokite šiltame roti arba paratha įvyniojime.

61. Masala Papad

Išeiga: 6-10 vaflių

ingridientai

- 1 pakuotė (6-10 vnt.) parduotuvėje pirktos papad (pagamintos iš lęšių)

- 2 šaukštai aliejaus

- 1 vidutinis raudonasis svogūnas, nuvalytas ir susmulkintas

- 2 vidutiniai pomidorai, supjaustyti kubeliais

- 1-2 žalios tajų, serrano arba kajeno paprikos, nuimti stiebai, plonais griežinėliais

- 1 arbatinis šaukštelis Chaat Masala

- Raudoni čili milteliai arba kajenas pagal skonį

Kryptys

a) Su žnyplėmis imkite po vieną papadą ir kaitinkite virš viryklės. Jei turite dujinę viryklę, kepkite ant ugnies, pasirūpindami, kad užgesintumėte visas užsiliepsnojančias gabalėlius. Geriausias būdas juos kepti – nuolat vartyti, kol iškeps ir apskrus visos pusės. Jei naudojate elektrinę viryklę, kaitinkite ant grotelių, pastatytų virš degiklio, ir nuolat pasukite, kol jie taps traškūs. Būkite atsargūs – jie lengvai dega.

b) Padėkite papadus ant didelio padėklo.

c) Konditeriniu šepetėliu kiekvieną paplotėlį lengvai patepkite aliejumi.

d) Mažame dubenyje sumaišykite svogūną, pomidorus ir čili.

e) Ant kiekvienos papadės uždėkite 2 šaukštus svogūnų mišinio.

f) Ant kiekvienos paprikos pabarstykite Chaat Masala ir raudonųjų čili miltelių. Patiekite iš karto.

62. Aštrios pupelių salotos

IŠELIS: 5 TAURĖLIAI (1,19 L)

ingridientai

- 4 puodeliai virtų pupelių (arba 2 [15 uncijų] (426 g) skardinės, nusausintos ir nuplautos)
- 1 vidutinė bulvė, virta ir supjaustyta kubeliais
- ½ vidutinio raudonojo svogūno, nulupto ir supjaustyto kubeliais
- 1 vidutinio dydžio pomidoras, supjaustytas kubeliais
- 1 gabalas imbiero šaknies, nuluptos ir sutarkuotos arba susmulkintos
- 2–3 žaliosios tajų, serrano arba kajeno paprikos, susmulkintos
- 1 citrinos sultys
- 1 arbatinis šaukštelis juodosios druskos (kala namak)
- 1 arbatinis šaukštelis Chaat Masala
- ½ arbatinio šaukštelio rupios jūros druskos
- ½–1 arbatinis šaukštelis raudonųjų čili arba kajeno miltelių

- ¼ puodelio susmulkintos šviežios kalendros
- ¼ puodelio Tamarind Date Chutney

Kryptys

a) Dideliame dubenyje sumaišykite visus ingredientus, išskyrus tamarindą ir datulių čatnį.

b) Padalinkite salotas į mažus serviravimo dubenėlius ir ant kiekvieno uždėkite po šaukštą Tamarind Date Chutney.

63. Keptų baklažanų padažas

IŠELIS: 5 TAURĖLIAI (1,19 L)

ingridientai

- 3 vidutiniai baklažanai su žievele (didelė, apvali, violetinė)
- 2 šaukštai aliejaus
- 1 kupinas arbatinis šaukštelis kmynų sėklų
- 1 arbatinis šaukštelis maltos kalendros
- 1 arbatinis šaukštelis ciberžolės miltelių
- 1 didelis geltonas arba raudonas svogūnas, nuluptas ir supjaustytas kubeliais
- 1 (2 colio [5 cm]) imbiero šaknies gabalėlis, nuluptas ir sutarkuotas arba susmulkintas
- 8 skiltelės česnako, nuvalytos ir sutarkuotos arba susmulkintos
- 2 vidutiniai pomidorai, nulupti (jei įmanoma) ir supjaustyti kubeliais
- 1–4 žalios tajų, serrano arba kajeno paprikos, susmulkintos
- 1 arbatinis šaukštelis raudonųjų čili arba kajeno miltelių
- 1 valgomasis šaukštas rupios jūros druskos

Kryptys

a) Įdėkite orkaitės lentyną į antrą aukščiausią padėtį. Įkaitinkite broilerį iki 500°F (260°C). Kepimo skardą išklokite aliuminio folija, kad vėliau nesusidarytų netvarka.

b) Baklažanuose šakute subadykite skylutes (kad išsiskirtų garai) ir padėkite ant kepimo skardos. Virkite 30 minučių, vieną kartą apversdami. Oda kai kuriose vietose bus apanglėjusi ir nudegusi. Išimkite kepimo skardą iš orkaitės ir palikite baklažanus atvėsti bent 15 minučių.

c) Aštriu peiliu išilgai įpjaukite plyšį nuo vieno baklažano galo iki kito ir švelniai ištraukite. Išimkite iškeptą mėsą iš vidaus, stengdamiesi išvengti garų ir sutaupyti kuo daugiau sulčių. Iškeptą baklažanų minkštimą sudėkite į dubenį.

d) Gilioje, sunkioje keptuvėje įkaitinkite aliejų ant vidutinės-stiprios ugnies.

e) Suberkite kmynus ir kepkite, kol paruduos, apie 30 sekundžių.

f) Sudėkite kalendrą ir ciberžolę. Išmaišykite ir virkite 30 sekundžių.

g) Sudėkite svogūną ir pakepinkite 2 minutes.

h) Įdėkite imbiero šaknį ir česnaką ir kepkite dar 2 minutes.

i) Sudėkite pomidorus ir aitriąją papriką. Virkite 3 minutes, kol mišinys suminkštės.

j) Sudėkite kepintą baklažano minkštimą ir kepkite dar 5 minutes, retkarčiais pamaišydami, kad nepriliptų.

k) Suberkite čili miltelius ir druską. Šiuo metu taip pat turėtumėte pašalinti ir išmesti visas apdegusias baklažanų odos gabalėlius.

l) Sutrinkite šį mišinį panardinamuoju trintuvu arba atskirame maišytuve. Nepersistenkite – vis tiek turėtų likti šiek tiek tekstūros. Patiekite su skrudintais naano griežinėliais, krekeriais ar tortilijos traškučiais. Taip pat galite tradiciškai patiekti su indišku patiekalu iš roti, lęšių ir raita.

64. Keptų daržovių kvadratėliai

IŠELIS: 25 VIDUTINIO DYDŽIO Kvadratai

ingridientai

- 2 puodeliai (140 g) tarkuotų baltųjų kopūstų (½ mažos galvutės)

- 1 puodelis (100 g) susmulkintų žiedinių kopūstų (¼ vidutinės galvos)

- 1 puodelis (124 g) tarkuotų cukinijų

- ½ bulvės, nuluptos ir sutarkuotos

- ½ vidutinio geltonojo arba raudonojo svogūno, nulupto ir supjaustyto kubeliais

- 1 gabalas imbiero šaknies, nuluptos ir sutarkuotos arba susmulkintos

- 3-4 žaliosios tajų, serrano arba kajeno paprikos, susmulkintos

- ¼ puodelio (4 g) šviežios kapotos kalendros

- 3 puodeliai (276 g) gramų (avinžirnių) miltų (besan)

- ½ 12 uncijų pakuotės šilkinis tofu

- 1 valgomasis šaukštas rupios jūros druskos
- 1 arbatinis šaukštelis ciberžolės miltelių
- 1 arbatinis šaukštelis raudonųjų čili arba kajeno miltelių
- ¼ arbatinio šaukštelio kepimo miltelių
- ¼ puodelio aliejaus

Kryptys

a) Įdėkite orkaitės groteles į vidurinę padėtį ir įkaitinkite orkaitę iki 350 °F (180 °C). 10 colių (25 cm) kvadratinę keptuvę sutepkite aliejumi. Naudokite didesnę keptuvę, jei norite plonesnės ir traškesnės pakoros.

b) Giliame dubenyje sumaišykite kopūstus, žiedinius kopūstus, cukinijas, bulves, svogūną, imbiero šaknį, čili ir kalendrą.

c) Suberkite miltus ir lėtai maišykite iki vientisos masės. Viską sumaišyti padeda rankomis.

d) Virtuvės kombainu, trintuve ar galingesniu trintuvu sutrinkite tofu iki vientisos masės.

e) Į daržovių mišinį įpilkite tofu mišinio, druskos, ciberžolės, čili miltelių, kepimo miltelių ir aliejaus. Sumaišykite.

f) Supilkite mišinį į paruoštą keptuvę.

g) Kepkite 45–50 minučių, priklausomai nuo orkaitės įkaitimo. Patiekalas paruoštas, kai per vidurį įsmeigtas dantų krapštukas išeina švarus.

h) Atvėsinkite 10 minučių ir supjaustykite kvadratėliais. Patiekite su mėgstamu čatniu.

65. Aštrūs saldžiųjų bulvių kotletai

IŠEIGA: 10 VIDUTINIO DYDŽIO SKILTELIŲ

ingridientai

- 1 didelė saldžioji bulvė (arba balta bulvė), nulupta ir supjaustyta kubeliais
- ½ colio (13 mm) kauliukai (apie 4 puodeliai [600 g])
- 3 šaukštai aliejaus, padalinti
- 1 arbatinis šaukštelis kmynų sėklų
- ½ vidutinio geltonojo arba raudonojo svogūno, nulupto ir smulkiai supjaustyto
- 1 colio imbiero šaknis, nulupta ir sutarkuota arba susmulkinta
- 1 arbatinis šaukštelis ciberžolės miltelių
- 1 arbatinis šaukštelis maltos kalendros
- 1 arbatinis šaukštelis garam masala
- 1 arbatinis šaukštelis raudonųjų čili arba kajeno miltelių
- 1 puodelis (145 g) žirnių, šviežių arba šaldytų (pirmiausia atšildykite)

- 1-2 žalios tajų, serrano arba kajeno paprikos, susmulkintos
- 1 arbatinis šaukštelis rupios jūros druskos
- ½ puodelio (46 g) gramų (avinžirnių) miltų (besan)
- 1 valgomasis šaukštas citrinos sulčių
- Šviežiai pjaustytų petražolių arba kalendrų, papuošimui

Kryptys

a) Garinkite bulves, kol suminkštės, apie 7 minutes. Leiskite atvėsti.
   Rankomis arba bulvių trintuvu jį šiek tiek sulaužykite. Šiuo metu turėsite apie 3 puodelius (630 g) bulvių košės.

b) Nedidelėje keptuvėje ant vidutinės-stiprios ugnies įkaitinkite 2 šaukštus aliejaus.

c) Suberkite kmynus ir kepkite, kol paruduos ir švelniai apskrus, apie 30 sekundžių.

d) Suberkite svogūną, imbiero šaknį, ciberžolę, kalendrą, garam masala ir čili miltelius. Virkite, kol suminkštės, dar 2-3 minutes. Leiskite mišiniui atvėsti.

e) Po to, kai jis atvės, supilkite mišinį į bulves, tada suberkite žirnelius, čili, druską, miltus ir citrinos sultis.

f) Gerai išmaišykite rankomis arba dideliu šaukštu.

g) Iš mišinio suformuokite nedidelius paplotėlius ir padėkite ant padėklo.

h) Didelėje, sunkioje keptuvėje ant vidutinės ugnies įkaitinkite likusį 1 šaukštą aliejaus. Kepkite kotletus po 2–4 porcijas, priklausomai nuo keptuvės dydžio, maždaug 2–3 minutes iš kiekvienos pusės, kol paruduos.

i) Jis patiekiamas karštas, papuoštas šviežiomis kapotomis petražolėmis arba kalendromis. Šią bandelę galima valgyti kaip sumuštinį, ant salotų guolio arba kaip smagus užkandis. Šaldytuve mišinys išsilaikys apie 3–4 dienas. Kad kotletas būtų tradiciškesnis, vietoj saldžiųjų bulvių naudokite įprastas bulves.

66. Motinos daigų salotos

IŠELIS: 2 TAURĖS

ingridientai

- 1 puodelis (192 g) nesmulkintų daigintų žalių lęšių (sabut moong)
- 1 žalias svogūnas, susmulkintas
- 1 mažas pomidoras, supjaustytas ($\frac{1}{2}$ puodelio [80 g])
- $\frac{1}{2}$ mažos raudonos arba geltonos paprikos, susmulkintos ($\frac{1}{4}$ puodelio [38 g])
- 1 nedidelis agurkas, nuvalytas ir susmulkintas
- 1 nedidelė bulvė, virta, nulupta ir supjaustyta
- 1 gabalas imbiero šaknies, nuluptos ir sutarkuotos arba susmulkintos
- 1-2 žalios tajų, serrano arba kajeno paprikos, susmulkintos
- $\frac{1}{4}$ puodelio (4 g) šviežios kapotos kalendros
- $\frac{1}{2}$ citrinos arba laimo sultys
- $\frac{1}{2}$ arbatinio šaukštelio jūros druskos

- ½ šaukštelio raudonosios čili arba kajeno miltelių

- ½ arbatinio šaukštelio aliejaus

Kryptys

a) Sumaišykite visus ingredientus ir gerai išmaišykite. Patiekite kaip garnyrą salotas arba kaip greitą, sveiką, daug baltymų turintį užkandį.

b) Greitiems pietums įdarykite pitą su pjaustytu avokadu.

67. Pomidorų, agurkų ir svogūnų salotos

IŠELIS: 5 TAURĖLIAI (1,19 L)

ingridientai

- 1 didelis geltonas arba raudonas svogūnas, nuluptas ir supjaustytas kubeliais
- 4 vidutiniai pomidorai, supjaustyti kubeliais
- 4 vidutiniai agurkai, nulupti ir supjaustyti kubeliais
- 1–3 žaliosios tajų, serrano arba kajeno paprikos, susmulkintos
- 2 laimų sultys
- ¼ puodelio (4 g) šviežios kapotos kalendros
- 1 arbatinis šaukštelis rupios jūros druskos
- 1 arbatinis šaukštelis juodosios druskos (kala namak)
- 1 arbatinis šaukštelis raudonųjų čili arba kajeno miltelių

Kryptys

a) Dideliame dubenyje sumaišykite visus ingredientus ir gerai išmaišykite.

b) Patiekite iš karto kaip garnyrą prie bet kurio patiekalo arba patiekite su traškučių šonu kaip greitą ir sveiką salsą. Atkreipkite dėmesį, kad su citrinos ir pomidorų deriniu šios salotos neturi ilgo galiojimo laiko.

68. Street Popper salotos su avinžirniais

IŠELIS: 5 TAURĖLIAI (1,19 L)

ingridientai

- 4 puodeliai avinžirnių poppers, virti su bet kokia masala
- 1 vidutinis geltonas arba raudonas svogūnas, nuluptas ir supjaustytas kubeliais
- 1 didelis pomidoras, supjaustytas kubeliais
- 2 citrinų sultys
- ½ puodelio (8 g) šviežios kapotos kalendros
- 2–4 žaliosios tajų, serrano arba kajeno paprikos, susmulkintos
- 1 arbatinis šaukštelis rupios jūros druskos
- 1 arbatinis šaukštelis juodosios druskos (kala namak)
- 1 arbatinis šaukštelis raudonųjų čili arba kajeno miltelių
- 1 arbatinis šaukštelis Chaat Masala
- ½ puodelio mėtų čatnio
- ½ puodelio tamarindo datulių čatnio

- 1 puodelis sojų jogurto Raita

Kryptys

a) Giliame dubenyje sumaišykite avinžirnių paprikas, svogūną, pomidorus, citrinos sultis, kalendrą, čili, jūros druską, juodąją druską, raudonojo čili miltelius ir Chaat Masala.

b) Padalinkite mišinį į atskirus serviravimo dubenėlius.

c) Ant kiekvieno dubenėlio uždėkite po šaukštą mėtų tamarindo ir datulių chutney bei sojų jogurto „Raita". Patiekite iš karto.

69. Traškių morkų salotos

IŠELIS: 5 TAURĖLIAI (1,19 L)

ingridientai

- ½ puodelio (96 g) skaldytų ir išlukštentų žalių lęšių
- 5 stiklinės (550 g) nuluptų ir sutarkuotų morkų
- 1 vidutinis daikonas, nuluptas ir sutarkuotas
- ¼ puodelio (40 g) žalių, sausai skrudintų žemės riešutų
- ¼ puodelio (4 g) šviežios kapotos kalendros
- 1 vidutinės citrinos sultys
- 2 arbatiniai šaukšteliai rupios jūros druskos
- ½ šaukštelio raudonosios čili arba kajeno miltelių
- 1 valgomasis šaukštas aliejaus
- 1 kupinas arbatinis šaukštelis juodųjų garstyčių sėklų
- 6–7 kario lapeliai, stambiai supjaustyti
- 1–2 žalios tajų, serrano arba kajeno paprikos, susmulkintos

Kryptys

a) Lęšius pamirkykite verdančiame vandenyje 20–25 minutes, kol taps al dente. Nuotėkis.

b) Morkas ir daikoną sudėkite į gilų dubenį.

c) Suberkite nusausintus lęšius, žemės riešutus, kalendrą, citrinos sultis, druską ir čili miltelius.

d) Mažoje, sunkioje keptuvėje įkaitinkite aliejų ant vidutinės-stiprios ugnies.

e) Sudėkite garstyčių sėklas. Uždenkite keptuvę dangčiu (kad neiškristų ir nesudegintų) ir kepkite, kol sėklos sušnypš, maždaug 30 sekundžių.

f) Atsargiai suberkite kario lapelius ir žaliąsias paprikas.

g) Supilkite šį mišinį ant salotų ir gerai išmaišykite. Patiekite iš karto arba prieš patiekdami atšaldykite.

70.Rudieji ryžiai ir Adzuki pupelės Dhokla

IŠELIS: maždaug 2 DEšiMtys MAŽŲ Kvadratų

- ½ puodelio (95 g) rudųjų basmati ryžių, nuplauti
- ½ puodelio (95 g) baltųjų basmati ryžių, nuplauti
- ½ puodelio (99 g) išlukštentų sveikų adzuki pupelių, nuskintų ir nuplautų
- 2 šaukštai padalinto gramo (chana dal)
- ¼ arbatinio šaukštelio ožragės sėklų
- ½ 12 uncijų pakuotės minkštas šilkinis tofu
- 1 vidutinės citrinos sultys
- 1 arbatinis šaukštelis rupios jūros druskos
- 1 puodelis vandens
- ½ šaukštelio eno arba kepimo sodos
- ½ arbatinio šaukštelio raudonųjų čili, kajeno arba paprikos miltelių
- 1 valgomasis šaukštas aliejaus
- 1 arbatinis šaukštelis rudųjų arba juodųjų garstyčių sėklų

- 15-20 kario lapelių, stambiai pjaustytų

- 1-3 žalios tajų, serrano arba kajeno paprikos, nuimti stiebai, supjaustyti išilgai

Kryptys

a) Pamirkykite ruduosius ir baltuosius ryžius, adzuki pupeles, padalintą gramą ir ožragę per naktį vandenyje.

b) Didelio galingumo trintuve sumaišykite nusausintus ryžių ir lęšių mišinį, tofu, citrinos sultis, druską ir 1 puodelį vandens.

c) Malkite ne ilgiau kaip 4-5 minutes, kol susidarys homogeniškumas. Būk kantrus. Gali tekti sustoti ir nubraukti ąsočio šonus, kad jis tolygiai susimaišytų. Supilkite mišinį į gilų dubenį.

d) Palikite tešlą 2-3 valandas. Padaryta, kitaip pradės rūgti.

e) Gilią kvadratinę formą ištepkite riebalais. (Manasis yra 9 colių [22,5 cm] kvadratinio ir 2 colių [5 cm] gylio.)

f) Ant dugno pabarstykite eno arba kepimo soda ir švelniai išmaišykite 2 ar 3 kartus. Iš karto pamatysite, kad jis pradeda burbuliuoti.

g) Supilkite tešlą į paruoštą skardą.

h) Užvirinkite šiek tiek vandens dvigubame katile, kurio pakaktų kvadratinei keptuvei. Švelniai uždėkite kvadratinę keptuvę ant katilo viršaus.

i) Uždenkite keptuvę ir troškinkite 12-15 minučių. Dhokla iškepa, kai per vidurį įsmeigtas dantų krapštukas išeina švarus. Nuimkite dangtį ir leiskite 10 minučių atvėsti keptuvėje.

j) Atsargiai nukelkite kvadratinę keptuvę nuo ugnies.

k) Švelniai supjaustykite dhoklas į kvadratus ir sudėkite juos į piramidę ant didelės lėkštės.

l) Pabarstykite juos raudonąja aitriąja paprika, kajeno ar paprika.

m) Paruoškite grūdinimą. Keptuvėje ant vidutinės-stiprios ugnies įkaitinkite 1 šaukštą aliejaus. Sudėkite garstyčių sėklas. Kai jie pradės pūsti, suberkite kario lapus ir čili.

n) Šį mišinį tolygiai užpilkite ant dhokla. Patiekite iš karto su mėtų-kalendrų arba kokoso čatnio šonu.

71. Šiltos Šiaurės Indijos salotos

IŠELIS: 3 TAURĖS

ingridientai

- 1 valgomasis šaukštas aliejaus
- 1 arbatinis šaukštelis kmynų sėklų
- ½ šaukštelio ciberžolės miltelių
- 1 vidutinis geltonasis arba raudonasis svogūnas, nuvalytas ir susmulkintas
- 1 gabalas imbiero šaknies, nuluptos ir supjaustytos degtukų lazdelėmis
- 2 skiltelės česnako, nuvalytos ir sutarkuotos
- 1–2 žaliosios tajų, serrano arba kajeno paprikos
- 2 puodeliai (396 g) virtų nesmulkintų pupelių arba lęšių
- 1 arbatinis šaukštelis rupios jūros druskos
- ½ šaukštelio raudonosios čili arba kajeno miltelių
- ½ arbatinio šaukštelio juodosios druskos (kala namak) ¼ puodelio (4 g) šviežios kapotos kalendros

Kryptys

a) Gilioje, sunkioje keptuvėje įkaitinkite aliejų ant vidutinės-stiprios ugnies.

b) Suberkite kmynus ir ciberžolę. Virkite, kol sėklos sutraškys, maždaug 30 sekundžių.

c) Suberkite svogūną, imbiero šaknį, česnaką ir aitriąją papriką. Kepkite, kol paruduos, apie 2 minutes.

d) Sudėkite pupeles arba lęšius. Virkite dar 2 minutes.

e) Įpilkite jūros druskos, čili miltelių, juodosios druskos ir kalendros. Gerai išmaišykite ir patiekite.

72. Šaltos gatvės salotos

IŠELIS: 6 TAURĖS

ingridientai

- 4 puodeliai nesmulkintų pupelių arba virtų lęšių
- 1 vidutinis raudonasis svogūnas, nuvalytas ir supjaustytas kubeliais
- 1 vidutinio dydžio pomidoras, supjaustytas kubeliais
- 1 mažas agurkas, nuluptas ir supjaustytas kubeliais
- 1 vidutinis daikonas, nuluptas ir sutarkuotas
- 1-2 žalios tajų, serrano arba kajeno paprikos, susmulkintos
- ¼ puodelio (4 g) šviežios, kapotos kalendros
- 1 didelės citrinos sultys
- 1 arbatinis šaukštelis rupios jūros druskos
- ½ šaukštelio juodosios druskos (kala namak)
- ½ šaukštelio Chaat Masala
- ½ šaukštelio raudonosios čili arba kajeno miltelių

- 1 arbatinis šaukštelis šviežios baltosios ciberžolės, išvalytos ir sutarkuotos (nebūtina)

Kryptys

a) Giliame dubenyje sumaišykite visus ingredientus.

b) Patiekite iš karto kaip garnyrą arba įvyniotą į salotos lapą.

73. Quickie Masala pupelės arba lęšiai

IŠELIS: 5 TAURĖLIAI (1,19 L)

ingridientai

- 1 puodelis Gila Masala
- 1 puodelis pjaustytų daržovių
- 1-3 tajų, serrano arba kajeno paprikos, susmulkintos
- 1 arbatinis šaukštelis garam masala
- 1 arbatinis šaukštelis maltos kalendros
- 1 arbatinis šaukštelis skrudintų maltų kmynų
- ½ šaukštelio raudonosios čili arba kajeno miltelių
- 1½ arbatinio šaukštelio rupios jūros druskos
- 2 puodeliai vandens
- 2 puodeliai nesmulkintų pupelių arba virtų lęšių
- 1 valgomasis šaukštas šviežios kapotos kalendros, papuošimui

Kryptys

a) Giliame, sunkiame puode kaitinkite Gila Masala ant vidutinės ir stiprios ugnies, kol pradės burbuliuoti.

b) Sudėkite daržoves, paprikas, garam masala, kalendras, kmynus, čili miltelius, druską ir vandenį. Virkite, kol daržovės suminkštės, 15–20 minučių.

c) Sudėkite pupeles arba lęšius. Virkite, kol įkais.

d) Papuoškite kalendra ir nedelsdami patiekite su rudaisiais arba baltais basmati ryžiais, roti arba naan.

74. Ankštinių daržovių salotos su kokosu

IŠELIS: 4 TAURĖS

ingridientai

- 2 šaukštai kokosų aliejaus
- ½ arbatinio šaukštelio asafetidos
- 1 arbatinis šaukštelis juodųjų garstyčių sėklų
- 10-12 kario lapelių, stambiai pjaustytų
- 2 šaukštai susmulkinto nesaldinto kokoso
- 4 puodeliai nesmulkintų pupelių arba virtų lęšių
- 1 arbatinis šaukštelis rupios jūros druskos
- 1-2 tajų, serrano arba kajeno pipirai,

Kryptys

a) Gilioje, sunkioje keptuvėje įkaitinkite aliejų ant vidutinės-stiprios ugnies.

b) Sudėkite asafetidą, garstyčias, kario lapus ir kokosą. Kaitinkite, kol sėklos iššoks, maždaug 30 sekundžių. Būkite atsargūs, kad nesudegintumėte kario lapų ar kokoso. Sėklos gali išeiti, todėl laikykite po ranka dangtį.

c) Suberkite pupeles arba lęšius, druską ir pipirus. Gerai išmaišykite ir nedelsdami patiekite.

75. Kario pupelės arba lęšiai

IŠELIS: 5 TAURĖS

ingridientai

- 2 šaukštai aliejaus
- ½ arbatinio šaukštelio asafetidos
- 2 arbatinius šaukštelius kmynų sėklų
- ½ šaukštelio ciberžolės miltelių
- 1 cinamono lazdelė
- 1 kasijos (arba lauro) lapas
- ½ vidutinio geltonojo arba raudonojo svogūno, nulupto ir susmulkinto
- 1 gabalas imbiero šaknies, nuluptos ir sutarkuotos arba susmulkintos
- 4 skiltelės česnako, nuvalytos ir sutarkuotos arba susmulkintos
- 2 dideli pomidorai, nulupti ir supjaustyti kubeliais
- 2-4 žaliosios tajų, serrano arba kajeno paprikos, susmulkintos
- 4 puodeliai nesmulkintų pupelių arba virtų lęšių

- 4 puodeliai vandens
- 1½ arbatinio šaukštelio rupios jūros druskos
- 1 arbatinis šaukštelis raudonųjų čili arba kajeno miltelių
- 2 šaukštai šviežios kapotos kalendros, papuošimui

Kryptys

a) Sunkiame puode įkaitinkite aliejų ant vidutinės-stiprios ugnies.

b) Įpilkite asafetidos, kmynų, ciberžolės, cinamono ir kasijos lapų ir virkite, kol sėklos sušnypš, maždaug 30 sekundžių.

c) Sudėkite svogūną ir kepkite, kol šviesiai paruduos, apie 3 minutes. Dažnai maišykite, kad svogūnai nepriliptų prie keptuvės.

d) Įdėkite imbiero šaknį ir česnaką. Virkite dar 2 minutes.

e) Sudėkite pomidorus ir žaliąsias čili.

f) Sumažinkite ugnį iki vidutinės ir virkite 3–5 minutes, kol pomidorai pradės skilti.

g) Suberkite pupeles arba lęšius ir virkite dar 2 minutes.

h) Įpilkite vandens, druskos ir čili miltelių. Užvirinkite.

i) Kai mišinys užvirs, sumažinkite ugnį ir virkite 10–15 minučių.

j) Papuoškite kalendra ir patiekite su rudaisiais arba baltais basmati ryžiais, roti arba naan.

76.Goan įkvėptas karis su kokosų pienu

IŠELIS: 6 TAURELĖS (1,42 L)

ingridientai

- 1 valgomasis šaukštas aliejaus
- ½ didelio svogūno, nulupto ir supjaustyto kubeliais
- 1 gabalas imbiero šaknies, nuluptos ir sutarkuotos arba susmulkintos
- 4 skiltelės česnako, nuvalytos ir sutarkuotos arba susmulkintos
- 1 didelis pomidoras, supjaustytas kubeliais (2 puodeliai)
- 1–3 žaliosios tajų, serrano arba kajeno paprikos, susmulkintos
- 1 valgomasis šaukštas maltos kalendros
- 1 valgomasis šaukštas maltų kmynų
- 1 arbatinis šaukštelis ciberžolės miltelių
- 1 arbatinis šaukštelis tamarindo pastos
- 1 kupinas arbatinis šaukštelis rudojo arba rudojo cukraus

- 1½ arbatinio šaukštelio rupios jūros druskos

- 3 puodeliai vandens

- 4 puodeliai sveikų virtų lęšių arba pupelių (juodieji žirneliai yra tradiciniai)

- 1 puodelis kokosų pieno, įprasto arba lengvo

- ½ vidutinės citrinos sultys

- 1 valgomasis šaukštas šviežios kapotos kalendros, papuošimui

Kryptys

a) Giliame, sunkiame puode įkaitinkite aliejų ant vidutinės-stiprios ugnies.

b) Sudėkite svogūną ir kepkite 2 minutes, kol lengvai paruduos.

c) Įdėkite imbiero šaknį ir česnaką. Virkite dar minutę.

d) Įpilkite pomidorų, aitriosios paprikos, kalendros, kmynų, ciberžolės, tamarindo, jaggerio, druskos ir vandens.

e) Užvirinkite, sumažinkite ugnį ir troškinkite neuždengę 15 minučių.

f) Sudėkite lęšius arba pupeles ir kokosų pieną ir pakaitinkite.

g) Įpilkite citrinos sulčių ir papuoškite kalendra. Patiekite su rudaisiais arba baltais basmati ryžiais, roti arba naan.

77. Ankštiniai augalai Chana Masala

IŠELIS: 6 TAURELĖS (1,42 L)

ingridientai

- 2 šaukštai aliejaus
- 1 kupinas arbatinis šaukštelis kmynų sėklų
- ½ šaukštelio ciberžolės miltelių
- 2 šaukštai Chana Masala
- 1 didelis geltonas arba raudonas svogūnas, nuluptas ir supjaustytas kubeliais
- 1 (2 colio [5 cm]) imbiero šaknies gabalėlis, nuluptas ir sutarkuotas arba susmulkintas
- 4 skiltelės česnako, nuvalytos ir sutarkuotos arba susmulkintos
- 2 vidutiniai pomidorai, supjaustyti kubeliais
- 1–3 žaliosios tajų, serrano arba kajeno paprikos, susmulkintos
- 1 arbatinis šaukštelis raudonųjų čili arba kajeno miltelių
- 1 valgomasis šaukštas rupios jūros druskos
- 1 puodelis vandens

- 4 puodeliai nesmulkintų pupelių arba virtų lęšių

Kryptys

a) Gilioje, sunkioje keptuvėje įkaitinkite aliejų ant vidutinės-stiprios ugnies.

b) Suberkite kmynus, ciberžolę ir Chana Masala ir virkite, kol sėklos sušnypš, maždaug 30 sekundžių.

c) Sudėkite svogūną ir kepkite, kol suminkštės, maždaug minutę.

d) Įdėkite imbiero šaknį ir česnaką. Virkite dar minutę.

e) Įpilkite pomidorų, žaliųjų čili pipirų, čili miltelių, druskos ir vandens.

f) Užvirinkite, sumažinkite ugnį ir virkite mišinį 10 minučių, kol visi ingredientai susimaišys.

g) Suberkite pupeles arba lęšius ir virkite. Patiekite ant rudųjų arba baltųjų basmati ryžių arba su roti ar naan.

78.Pandžabiškos kario pupelės

IŠELIS: 7 TAURĖLIAI (1,66 L)

ingridientai

- 1 vidutinis geltonasis arba raudonasis svogūnas, nuluptas ir stambiai pjaustytas
- 1 gabalas imbiero šaknis, nuluptas ir stambiai pjaustytas
- 4 skiltelės česnako, nuvalytos ir supjaustytos
- 2–4 žaliosios tajų, serrano arba kajeno paprikos
- 2 šaukštai aliejaus
- ½ arbatinio šaukštelio asafetidos
- 2 arbatinius šaukštelius kmynų sėklų
- 1 arbatinis šaukštelis ciberžolės miltelių
- 1 cinamono lazdelė
- 2 sveiki gvazdikėliai
- 1 juodojo kardamono ankštis
- 2 vidutiniai pomidorai, nulupti ir supjaustyti kubeliais (1 puodelis)

- 2 šaukštai pomidorų pastos
- 4 puodeliai nesmulkintų pupelių arba virtų lęšių
- 2 puodeliai vandens
- 2 arbatiniai šaukšteliai rupios jūros druskos
- 2 arbatiniai šaukšteliai garam masala
- 1 arbatinis šaukštelis raudonųjų čili arba kajeno miltelių
- 2 kupinų šaukštų šviežios kapotos kalendros

Kryptys

a) Virtuvės kombainu sutrinkite svogūną, imbiero šaknį, česnaką ir čili iki vandeningos pastos.

b) Gilioje, sunkioje keptuvėje įkaitinkite aliejų ant vidutinės-stiprios ugnies.

c) Įpilkite asafetidos, kmynų, ciberžolių, cinamono, gvazdikėlių ir kardamono. Virkite, kol mišinys sušnypš, apie 30 sekundžių.

d) Lėtai įpilkite svogūnų pastos. Būkite atsargūs – palietus karštą aliejų gali išsitaškyti. Kepkite, kol paruduos, retkarčiais pamaišydami apie 2 minutes.

e) Įpilkite pomidorų, pomidorų pastos, lęšių arba pupelių, vandens, druskos, garam masala ir raudonųjų čili miltelių.

f) Mišinį užvirinkite, tada sumažinkite ugnį ir virkite 10 minučių.

g) Išimkite prieskonius visą. Įdėkite kalendros ir patiekite ant rudųjų arba baltųjų basmati ryžių lovos.

79. Lėtai virtos pupelės ir lęšiai

IŠELIS: 10 TAURŲ

ingridientai

- 2 puodeliai (454 g) džiovintų lima pupelių, nuskintų ir nuplautų

- ½ vidutinio geltonojo arba raudonojo svogūno, nulupto ir stambiai pjaustyto

- 1 vidutinio dydžio pomidoras, supjaustytas kubeliais

- 1 gabalas imbiero šaknies, nuluptos ir sutarkuotos arba susmulkintos

- 2 skiltelės česnako, nuvalytos ir sutarkuotos arba susmulkintos

- 1-3 žaliosios tajų, serrano arba kajeno paprikos, susmulkintos

- 3 sveiki gvazdikėliai

- 1 kupinas arbatinis šaukštelis kmynų sėklų

- 1 arbatinis šaukštelis raudonųjų čili arba kajeno miltelių

- kupinas šaukštelis rupios jūros druskos

- ½ šaukštelio ciberžolės miltelių
- ½ arbatinio šaukštelio garam masala
- 7 puodeliai (1,66 l) vandens
- ¼ puodelio (4 g) šviežios kapotos kalendros

Kryptys

a) Į lėtą viryklę sudėkite visus ingredientus, išskyrus kalendrą. Virkite ant stiprios ugnies 7 valandas, kol pupelės suirs ir taps šiek tiek kreminės.

b) Maždaug įpusėjus virimo procesui pupelės atrodys kaip baigtos, tačiau laikykite lėtą viryklę. Karis vis tiek bus vandeningas ir jį reikės virti toliau.

c) Išimkite gvazdikėlius, jei juos radote. Įdėkite šviežių kalendrų ir patiekite ant basmati ryžių arba su roti ar naan.

80. Chana ir Split Moong Dal su pipirų dribsniais

IŠELIS: 8 TAURĖS

ingridientai

- 1 puodelis (192 g) padalintas gramas (chana dal), nuskintas ir išplautas

- 1 puodelis (192 g) nuskintų ir nuplautų sausų skeltų žalių lęšių su odele (moong dal)

- ½ vidutinio geltonojo arba raudonojo svogūno, nulupto ir supjaustyto kubeliais

- 1 gabalas imbiero šaknies, nuluptos ir sutarkuotos arba susmulkintos

- 4 skiltelės česnako, nuvalytos ir sutarkuotos arba susmulkintos

- 1 vidutinio dydžio pomidoras, nuluptas ir supjaustytas kubeliais

- 1–3 žaliosios tajų, serrano arba kajeno paprikos, susmulkintos

- 1 valgomasis šaukštas plius 1 arbatinis šaukštelis kmynų sėklų, padalintas

- 1 arbatinis šaukštelis ciberžolės miltelių

- 2 arbatiniai šaukšteliai rupios jūros druskos

- 1 arbatinis šaukštelis raudonųjų čili arba kajeno miltelių

- 6 puodeliai vandens

- 2 šaukštai aliejaus

- 1 arbatinis šaukštelis raudonųjų pipirų dribsnių

- 2 šaukštai šviežios kapotos kalendros

Kryptys

a) Į lėtą viryklę sudėkite padalintą gramą, žaliuosius lęšius, svogūną, imbiero šaknį, česnaką, pomidorus, čili pipirus, 1 šaukštą kmynų, ciberžolės, druskos, raudonųjų čili miltelių ir vandens. Virkite ant stiprios ugnies 5 valandas.

b) Baigiantis kepimo laikui, nedidelėje keptuvėje ant vidutinės-stiprios ugnies įkaitinkite aliejų.

c) Įdėkite likusius 1 arbatinį šaukštelį kmynų.

d) Kai suminkštės, suberkite raudonųjų pipirų dribsnius. Virkite dar ne ilgiau kaip 30 sekundžių. Jei perkepsite, dribsniai taps per kieti.

e) Šį mišinį kartu su kalendra įpilkite į lęšius.

f) Patiekite vieną kaip sriubą arba su rudaisiais ar baltais basmati ryžiais, roti ar naan.

81. Prieskoniai pagardinti tofu ir pomidorai

IŠELIS: 4 TAURĖS

ingridientai

- 2 šaukštai aliejaus
- 1 kupinas šaukštas kmynų sėklų
- 1 arbatinis šaukštelis ciberžolės miltelių
- 1 vidutinis raudonasis arba geltonasis svogūnas, nuvalytas ir susmulkintas
- 1 (2 colio [5 cm]) imbiero šaknies gabalėlis, nuluptas ir sutarkuotas arba susmulkintas
- 6 skiltelės česnako, nuvalytos ir sutarkuotos arba susmulkintos
- 2 vidutiniai pomidorai, nulupti (nebūtina) ir supjaustyti (3 puodeliai [480 g])
- 2-4 žaliosios tajų, serrano arba kajeno paprikos, susmulkintos
- 1 valgomasis šaukštas pomidorų pastos
- 1 valgomasis šaukštas garam masala

- 1 valgomasis šaukštas džiovintų ožragės lapų (kasoori methi), lengvai sutraiškytų rankomis, kad išsiskirtų jų skonis

- 1 puodelis vandens

- 2 arbatiniai šaukšteliai rupios jūros druskos

- 1 arbatinis šaukštelis raudonųjų čili arba kajeno miltelių

- 2 vidutinės žalios paprikos, išsėtos sėklomis ir supjaustytos kubeliais (2 puodeliai)

- 2 pakuotės ekologiško ypač tvirto tofu, keptas ir supjaustytas kubeliais

Kryptys

a) Didelėje, sunkioje keptuvėje įkaitinkite aliejų ant vidutinės-stiprios ugnies.

b) Suberkite kmynus ir ciberžolę. Virkite, kol sėklos sutraškys, maždaug 30 sekundžių.

c) Sudėkite svogūną, imbiero šaknį ir česnaką. Virkite 2-3 minutes, kol jie lengvai paruduos, karts nuo karto pamaišydami.

d) Įpilkite pomidorų, čili, pomidorų pastos, garam masala, ožragės, vandens, druskos ir čili miltelių. Šiek tiek sumažinkite ugnį ir troškinkite 8 minutes.

e) Suberkite papriką ir kepkite dar 2 minutes. Įpilkite tofu ir švelniai išmaišykite. Virkite dar 2 minutes, kol jie įkais. Patiekite su rudaisiais arba baltais basmati ryžiais, roti arba naan.

82. Bulvių maišas su kmynais

IŠELIS: 4 TAURĖS

ingridientai

- 1 valgomasis šaukštas aliejaus
- 1 valgomasis šaukštas kmynų sėklų
- ½ arbatinio šaukštelio asafetidos
- ½ šaukštelio ciberžolės miltelių
- ½ šaukštelio mango miltelių (amchur)
- 1 mažas geltonas arba raudonas svogūnas, nuvalytas ir supjaustytas kubeliais
- 1 gabalas imbiero šaknies, nuluptos ir sutarkuotos arba susmulkintos
- 3 didelės virtos bulvės (bet kokios rūšies), nuluptos ir supjaustytos kubeliais (4 puodeliai [600 g])
- 1 arbatinis šaukštelis rupios jūros druskos
- 1–2 žalios tajų, serrano arba kajeno paprikos, nuimti stiebai, plonais griežinėliais
- ¼ puodelio (4 g) šviežios kapotos kalendros, ½ citrinos sulčių

Kryptys

a) Gilioje, sunkioje keptuvėje įkaitinkite aliejų ant vidutinės-stiprios ugnies.

b) Įpilkite kmynų, asafetidos, ciberžolės ir mango miltelių. Virkite, kol sėklos sutraškys, maždaug 30 sekundžių.

c) Sudėkite svogūną ir imbiero šaknį. Virkite dar minutę, maišydami, kad nesuliptų.

d) Įdėkite bulves ir druską. Gerai išmaišykite ir virkite, kol bulvės suminkštės.

e) Ant viršaus užpilkite čili, kalendra ir citrinos sultimis. Patiekite kaip garnyrą su roti arba naan arba apvoliokite besan poora ar dosa. Tai puikiai tinka kaip daržovių sumuštinio įdaras ar net patiekiamas žalių salotų puodelyje.

83. Bulvių maišas su garstyčių sėklomis

IŠELIS: 4 TAURĖS

ingridientai

- 1 valgomasis šaukštas padalintas gramas (chana dal)
- 1 valgomasis šaukštas aliejaus
- 1 arbatinis šaukštelis ciberžolės miltelių
- 1 arbatinis šaukštelis juodųjų garstyčių sėklų
- 10 kario lapelių, stambiai pjaustytų
- 1 mažas geltonas arba raudonas svogūnas, nuvalytas ir supjaustytas kubeliais
- 3 didelės virtos bulvės (bet kokios rūšies), nuvalytos ir supjaustytos kubeliais
- 1 arbatinis šaukštelis rupios baltos druskos
- 1-2 žalios tajų, serrano arba kajeno paprikos, nuimti stiebai, plonais griežinėliais

Kryptys

a) Pamerkite gramą į verdantį vandenį, kol ruošite likusius ingredientus.

b) Gilioje, sunkioje keptuvėje įkaitinkite aliejų ant vidutinės-stiprios ugnies.

c) Sudėkite ciberžolę, garstyčias, kario lapelius ir nusausintą gramą. Būkite atsargūs, sėklos linkusios skilinėti, o išmirkę lęšiai gali ištaškyti aliejumi, todėl gali prireikti dangtelio. Virkite 30 sekundžių, maišydami, kad nepriliptų.

d) Sudėkite svogūną. Kepkite, kol lengvai paruduos, apie 2 minutes.

e) Suberkite bulves, druską ir aitriuosius pipirus. Virkite dar 2 minutes. Patiekite kaip garnyrą su roti arba naan arba apvoliokite besan poora ar dosa. Tai puikiai tinka kaip daržovių sumuštinio įdaras ar net patiekiamas žalių salotų puodelyje.

84. Punjabi Style Cabbage

IŠELIS: 7 TAURĖS

ingridientai

- 3 šaukštai aliejaus
- 1 valgomasis šaukštas kmynų sėklų
- 1 arbatinis šaukštelis ciberžolės miltelių
- ½ geltonojo arba raudonojo svogūno, nulupto ir supjaustyto kubeliais
- 1 gabalas imbiero šaknies, nuluptos ir sutarkuotos arba susmulkintos
- 6 skiltelės česnako, nuvalytos ir susmulkintos
- 1 vidutinė bulvė, nulupta ir supjaustyta kubeliais
- 1 vidutinė baltojo kopūsto galvutė, pašalinus išorinius lapelius ir smulkiai supjaustytą (apie 8 puodelius [560 g])
- 1 puodelis (145 g) žirnių, šviežių arba šaldytų
- 1 žalias tajų, serrano arba kajeno čili, pašalintas stiebas, susmulkintas
- 1 arbatinis šaukštelis maltos kalendros

- 1 arbatinis šaukštelis maltų kmynų
- 1 arbatinis šaukštelis maltų juodųjų pipirų
- ½ šaukštelio raudonosios čili arba kajeno miltelių
- 1½ šaukštelio jūros druskos

Kryptys

a) Sudėkite visus ingredientus į lėtą viryklę ir švelniai išmaišykite.

b) Virkite ant silpnos ugnies 4 valandas. Patiekite su baltais arba rudaisiais basmati ryžiais, roti arba naan. Tai puikus įdaras pitai su šlakeliu sojų jogurto raita.

85. Kopūstas su garstyčių sėklomis ir kokosu

IŠELIS: 6 TAURĖS

ingridientai

- 2 šaukštai nesmulkintų juodųjų lęšių, nuluptų (sabut urud dal)
- 2 šaukštai kokosų aliejaus
- ½ arbatinio šaukštelio asafetidos
- 1 arbatinis šaukštelis juodųjų garstyčių sėklų
- 10–12 kario lapelių, stambiai pjaustytų
- 2 šaukštai susmulkinto nesaldinto kokoso
- 1 vidutinė baltagūžė, susmulkinta (8 puodeliai [560 g])
- 1 arbatinis šaukštelis rupios jūros druskos
- 1–2 tajų, serrano arba kajeno paprikos, nuimti stiebai, supjaustyti išilgai

Kryptys

a) Lęšius pamirkykite verdančiame vandenyje, kad suminkštėtų, kol ruošite likusius ingredientus.

b) Gilioje, sunkioje keptuvėje įkaitinkite aliejų ant vidutinės-stiprios ugnies.

c) Sudėkite asafetidą, garstyčias, nusausintus lęšius, kario lapelius ir kokosą. Kaitinkite, kol sėklos iššoks, maždaug 30 sekundžių. Būkite atsargūs, kad nesudegintumėte kario lapų ar kokoso. Sėklos gali išeiti, todėl laikykite po ranka dangtį.

d) Dedama kopūstų ir druskos. Reguliariai maišydami virkite 2 minutes, kol kopūstai suvys.

e) Pridėti čili. Patiekite iš karto kaip šiltas, šaltas salotas arba su roti ar naan.

86. Pupelės su bulvėmis

IŠELIS: 5 TAURĖS

ingridientai

- 1 valgomasis šaukštas aliejaus
- 1 arbatinis šaukštelis kmynų sėklų
- ½ šaukštelio ciberžolės miltelių
- 1 vidutinis raudonasis arba geltonasis svogūnas, nuluptas ir supjaustytas kubeliais
- 1 gabalas imbiero šaknies, nuluptos ir sutarkuotos arba susmulkintos
- 3 skiltelės česnako, nuvalytos ir sutarkuotos arba susmulkintos
- 1 vidutinė bulvė, nulupta ir supjaustyta kubeliais
- ¼ puodelio vandens
- 4 puodeliai susmulkintų pupelių
- 1-2 tajų, serrano arba kajeno pipirai, susmulkinti
- 1 arbatinis šaukštelis rupios jūros druskos

- 1 arbatinis šaukštelis raudonųjų čili arba kajeno miltelių

Kryptys

a) Sunkioje, gilioje keptuvėje įkaitinkite aliejų ant vidutinės-stiprios ugnies.

b) Suberkite kmynus ir ciberžolę ir virkite, kol sėklos sušnypš, maždaug 30 sekundžių.

c) Sudėkite svogūną, imbiero šaknį ir česnaką. Kepkite, kol lengvai paruduos, apie 2 minutes.

d) Sudėkite bulves ir virkite dar 2 minutes, nuolat maišydami. Įpilkite vandens, kad nepriliptų.

e) Sudėkite pupeles. Virkite 2 minutes, retkarčiais pamaišydami.

f) Suberkite papriką, druską ir čili miltelius.

g) Sumažinkite ugnį iki vidutinės-žemos ir keptuvę iš dalies uždenkite. Virkite 15 minučių, kol pupelės ir bulvės suminkštės. Išjunkite ugnį ir palikite keptuvę uždengtą ant to paties degiklio dar 5–10 minučių.

h) Patiekite su baltais arba rudaisiais basmati ryžiais, roti arba naan.

87. Baklažanai su bulvėmis

IŠELIS: 6 TAURELĖS (1,42 L)

ingridientai

- 2 šaukštai aliejaus
- ½ arbatinio šaukštelio asafetidos
- 1 arbatinis šaukštelis kmynų sėklų
- ½ šaukštelio ciberžolės miltelių
- 1 gabalas (2 coliai [5 cm]) imbiero šaknis, nuluptas ir supjaustytas ½ colio (13 mm) ilgio lazdelėmis
- 4 skiltelės česnako, nuluptos ir stambiai sukapotos
- 1 vidutinė bulvė, nulupta ir stambiai pjaustyta
- 1 didelis svogūnas, nuluptas ir stambiai pjaustytas
- 1-3 tajų, serrano arba kajeno paprikos, susmulkintos
- 1 didelis pomidoras, stambiai pjaustytas
- 4 vidutiniai baklažanai su oda, stambiai supjaustyti, su sumedėjusiais galais (8 puodeliai [656 g])
- 2 arbatiniai šaukšteliai rupios jūros druskos

- 1 valgomasis šaukštas garam masala
- 1 valgomasis šaukštas maltos kalendros
- 1 arbatinis šaukštelis raudonųjų čili arba kajeno miltelių
- 2 šaukštai šviežios kapotos kalendros, papuošimui

Kryptys

a) Gilioje, sunkioje keptuvėje įkaitinkite aliejų ant vidutinės-stiprios ugnies.

b) Sudėkite asafetidą, kmynus ir ciberžolę. Virkite, kol sėklos sutraškys, maždaug 30 sekundžių.

c) Įdėkite imbiero šaknį ir česnaką. Virkite nuolat maišydami 1 minutę.

d) Pridėti bulvę. Virkite 2 minutes.

e) Suberkite svogūną ir čili ir kepkite dar 2 minutes, kol švelniai apskrus.

f) Sudėkite pomidorą ir kepkite 2 minutes. Šiuo metu būsite sukūrę pagrindą savo patiekalui.

g) Sudėkite baklažanus. (Svarbu išlaikyti sumedėjusius galus, kad vėliau jūs ir jūsų svečiai galėtumėte kramtyti skanų, mėsingą centrą.)

h) Įpilkite druskos, garam masala, kalendros ir raudonojo čili miltelių.
Virkite 2 minutes.

i) Kaitrą sumažinkite iki mažos, keptuvę iš dalies uždenkite ir kepkite dar 10 minučių.

j) Išjunkite ugnį, visiškai uždenkite keptuvę ir leiskite pastovėti 5 minutes, kad visi skoniai tikrai susimaišytų. Papuoškite kalendra ir patiekite su roti arba naan.

88. Briuselio kopūstai Masala

IŠELIS: 4 TAURĖS

ingridientai

- 1 valgomasis šaukštas aliejaus
- 1 arbatinis šaukštelis kmynų sėklų
- 2 puodeliai Gila Masala
- 1 puodelis vandens
- 4 šaukštai anakardžių grietinėlės
- 4 puodeliai Briuselio kopūstų, nupjautų ir perpjautų per pusę
- 1-3 tajų, serrano arba kajeno paprikos, susmulkintos
- 2 arbatiniai šaukšteliai rupios jūros druskos
- 1 arbatinis šaukštelis garam masala
- 1 arbatinis šaukštelis maltos kalendros
- 1 arbatinis šaukštelis raudonųjų čili arba kajeno miltelių
- 2 šaukštai šviežios kapotos kalendros, papuošimui

Kryptys

a) Gilioje, sunkioje keptuvėje įkaitinkite aliejų ant vidutinės-stiprios ugnies.

b) Suberkite kmynus ir virkite, kol sėklos sušnypš, apie 30 sekundžių.

c) Įpilkite pomidorų sriubos, vandens, anakardžių grietinėlės, Briuselio kopūstų, aitriųjų paprikų, druskos, garam masala, kalendros ir aitriosios paprikos miltelių.

d) Užvirinkite. Sumažinkite ugnį ir troškinkite neuždengę 10–12 minučių, kol Briuselio kopūstai suminkštės.

e) Papuoškite kalendra ir patiekite ant rudųjų arba baltųjų basmati ryžių arba su roti ar naan.

89. Baklažanų pyragas įdarytas anakardžiais

IŠELIS: 20 BAKLAŽANŲ SIURBLIŲ

ingridientai

- ½ puodelio (69 g) žalių anakardžių 20 baklažanų kūdikiams
- 2 šaukštai aliejaus, padalinti
- 1 arbatinis šaukštelis kmynų sėklų
- 1 arbatinis šaukštelis kalendros sėklų
- 1 valgomasis šaukštas sezamo sėklų
- ½ šaukštelio juodųjų garstyčių sėklų
- ½ arbatinio šaukštelio pankolio sėklų
- ¼ arbatinio šaukštelio ožragės sėklų
- 1 didelis geltonas arba raudonas svogūnas, nuluptas ir supjaustytas kubeliais
- 1 gabalas imbiero šaknies, nuluptos ir sutarkuotos arba susmulkintos
- 4 skiltelės česnako, nuluptos ir stambiai sukapotos
- 1-3 tajų, serrano arba kajeno paprikos, susmulkintos
- 1 arbatinis šaukštelis ciberžolės miltelių

- 1 arbatinis šaukštelis tarkuotų jaggerių
- 2 arbatiniai šaukšteliai garam masala
- 1 valgomasis šaukštas rupios jūros druskos
- 1 arbatinis šaukštelis raudonųjų čili arba kajeno miltelių
- 1 puodelis vandens, padalintas
- 2 šaukštai šviežios kapotos kalendros, papuošimui

Kryptys

a) Pamirkykite anakardžius vandenyje, kol ruošite likusius ingredientus.

b) Išpjaukite 2 statmenas plyšius kiekviename apatiniame baklažano link, eidami link stiebo ir sustodami prieš pjaustydami baklažaną. Jie turėtų likti nepažeisti. Kai baigsite, turėsite 4 dalis, kurias laiko žalias sumedėjęs stiebas. Įdėkite juos į dubenį su vandeniu, kol ruošite likusius ingredientus. Tai padės šiek tiek atidaryti baklažanus, kad vėliau galėtumėte juos geriau įdaryti.

c) Sunkioje keptuvėje ant vidutinės-stiprios ugnies įkaitinkite 1 šaukštą aliejaus.

d) Įdėkite kmynų, kalendrų, sezamo, garstyčių, pankolių ir ožragės sėklų. Virkite, kol sėklos lengvai iššoks, maždaug 30 sekundžių. Neperkepkite – ožragė gali tapti karti.

e) Suberkite svogūną, imbiero šaknį, česnaką ir aitriąją papriką. Kepkite, kol svogūnas paruduos, apie 2 minutes.

f) Suberkite ciberžolę, jaggery, garam masala, druską, čili miltelius ir nusausintus anakardžius. Virkite dar 2 minutes, kol gerai susimaišys.

g) Šį mišinį perkelkite į virtuvinį kombainą. Įpilkite ½ puodelio vandens ir trinkite iki vientisos masės. Neskubėk; gali tekti sustoti ir nubraukti šonus.

h) Baklažanai dabar paruošti įdaryti! Laikydami baklažaną vienoje rankoje, į baklažano vidurį šaukštu dėkite apie 1 valgomąjį šaukštą mišinio, uždenkite visas puses.

i) Švelniai uždarykite baklažanus atgal ir sudėkite į didelį dubenį, kol baigsite įdaryti visus baklažanus.

j) Didelėje gilioje keptuvėje ant vidutinės-stiprios ugnies įkaitinkite likusį 1 šaukštą aliejaus. Atsargiai po vieną sudėkite baklažanus. Įpilkite likusią masala ir likusį ½ puodelio vandens ir sumažinkite šilumą iki vidutinės. Uždenkite keptuvę ir kepkite 20 minučių, retkarčiais pamaišydami, stengdamiesi, kad baklažanai nepažeistų.

k) Išjunkite ugnį ir leiskite baklažanams pastovėti 5 minutes, kad iškeptų ir įsigertų visi skoniai. Papuoškite kalendra ir patiekite ant ryžių arba su roti ar naan.

90. Prieskoniai špinatai su "Paneer"

IŠELIS: 10 TAURINIŲ (2,37 L)

ingridientai

- 2 šaukštai aliejaus
- 1 valgomasis šaukštas kmynų sėklų
- 1 arbatinis šaukštelis ciberžolės miltelių
- 1 didelis geltonas arba raudonas svogūnas, nuluptas ir supjaustytas kubeliais
- 1 (2 colio [5 cm]) imbiero šaknies gabalėlis, nuluptas ir sutarkuotas arba susmulkintas
- 6 skiltelės česnako, nuvalytos ir sutarkuotos arba susmulkintos
- 2 dideli pomidorai, supjaustyti
- 1–2 tajų, serrano arba kajeno pipirai, susmulkinti
- 2 šaukštai pomidorų pastos
- 1 puodelis vandens
- 1 valgomasis šaukštas maltos kalendros

- 1 valgomasis šaukštas garam masala
- 2 arbatiniai šaukšteliai rupios jūros druskos
- 12 puodelių (360 g) šviežių smulkintų špinatų, tankiai supakuotų
- 1 pakuotė (14 uncijų [397 g]) ekologiško itin tvirto tofu, kepto ir pjaustyto kubeliais

Kryptys

a) Didelėje, sunkioje keptuvėje įkaitinkite aliejų ant vidutinės-stiprios ugnies.

b) Suberkite kmynus ir ciberžolę ir virkite, kol sėklos sušnypš, maždaug 30 sekundžių.

c) Suberkite svogūną ir kepkite, kol apskrus, apie 3 minutes, atsargiai maišydami, kad nepriliptų.

d) Įdėkite imbiero šaknį ir česnaką. Virkite 2 minutes.

e) Įpilkite pomidorų, čili, pomidorų pastos, vandens, kalendros, garam masala ir druskos. Sumažinkite ugnį ir troškinkite 5 minutes.

f) Sudėkite špinatus. Jums gali tekti tai daryti partijomis, pridedant daugiau, kai jis suvysta. Atrodys, kad turite per daug špinatų, bet nesijaudinkite. Viskas bus iškepta. Pasitikėk manimi!

g) Virkite 7 minutes, kol špinatai suvys ir iškeps. Maišykite panardinamu trintuvu arba tradiciniu trintuvu.

h) Įpilkite tofu ir virkite dar 2-3 minutes. Patiekite su roti arba naan.

91. Traškanti okra

IŠELIS: 4 TAURĖS

ingridientai

- 2 šaukštai aliejaus
- 1 arbatinis šaukštelis kmynų sėklų
- 1 arbatinis šaukštelis ciberžolės miltelių
- 1 didelis geltonas arba raudonas svogūnas, nuluptas ir labai stambiai pjaustytas
- 1 gabalas imbiero šaknies, nuluptos ir sutarkuotos arba susmulkintos
- 3 česnako skiltelės, nuvalytos ir susmulkintos, susmulkintos arba sutarkuotos
- 2 kilogramai okra, nuplauti, išdžiovinti, nupjauti ir supjaustyti
- 1-2 tajų, serrano arba kajeno pipirai, susmulkinti
- ½ šaukštelio mango miltelių
- 1 arbatinis šaukštelis raudonųjų čili arba kajeno miltelių
- 1 arbatinis šaukštelis garam masala

- 2 arbatiniai šaukšteliai rupios jūros druskos

Kryptys

a) Gilioje, sunkioje keptuvėje įkaitinkite aliejų ant vidutinės-stiprios ugnies. Suberkite kmynus ir ciberžolę. Virkite, kol sėklos pradės šnypšti, maždaug 30 sekundžių.

b) Sudėkite svogūną ir kepkite, kol paruduos, 2-3 minutes. Tai yra pagrindinis mano okra žingsnis. Dideli, stori svogūno gabalėliai turi apskrusti ir šiek tiek karamelizuotis. Tai bus skanus galutinio patiekalo pagrindas.

c) Įdėkite imbiero šaknį ir česnaką. Virkite 1 minutę, retkarčiais pamaišydami.

d) Įpilkite okra ir virkite 2 minutes, kol okra taps ryškiai žalia.

e) Įpilkite čili, mango miltelių, čili miltelių, garam masala ir druskos. Virkite 2 minutes, retkarčiais pamaišydami.

f) Sumažinkite ugnį iki minimumo ir iš dalies uždenkite keptuvę. Virkite 7 minutes, retkarčiais pamaišydami.

g) Išjunkite ugnį ir sureguliuokite dangtį taip, kad jis visiškai uždengtų puodą. Palikite 3-5 minutes, kad visi skoniai susigertų.

h) Papuoškite kalendra ir patiekite su rudaisiais arba baltais basmati ryžiais, roti arba naan.

92. Karšta ir aštri kiniška vištiena

Išeiga: 4 porcijos

Ingredientas

1 Svogūnai

2 Čili pipirai – ar daugiau

4 TB aliejaus

1 TB malto imbiero

1 TB Sherry

2 TB Lengvas sojų padažas

Keptuvė 2 lb

½ c vištienos sriubos

1 TB Lengvas sojų padažas

2 TB Vyno actas

1 TB cukraus

½ arbatinio šaukštelio druskos

1 arbatinis šaukštelis anyžių pipirų - arba 2

1 TB kukurūzų krakmolo

a) Vištieną supjaustykite mažais gabalėliais, 15-20 minučių pamarinuokite imbiero, chereso, sojos padažų mišinyje. Svogūną ir čili pipirą supjaustykite įstrižai 1 colio gabalėliais.

b) Anyžinius pipirus sutrinkite iki miltelių. Sumaišykite vištienos sultinį, sojų padažą, vyno actą, cukrų, druską ir pipirus. Įkaitinkite aliejų. Suberkite svogūną ir keletą kartų pakepinkite.

c) Į arbatą ir čili įpilkite imbiero, šerio, sojų mišinio ir vištienos ir pakepinkite dar 1-2 minutes. Supilkite vištienos sriubos mišinį, gerai išmaišykite.

d) Virkite ant silpnos ugnies, kol vištienos gabalėliai suminkštės. Įpilkite kukurūzų krakmolo, kad sutirštėtų. Tarnauti.

93. Aštrios pupelės

IŠELIS: 5 TAURĖLIAI (1,19 L)

ingridientai

- 4 puodeliai virtų pupelių
- 1 vidutinė bulvė, virta ir supjaustyta kubeliais
- ½ vidutinio raudonojo svogūno, nulupto ir supjaustyto kubeliais
- 1 vidutinio dydžio pomidoras, supjaustytas kubeliais
- 1 gabalas imbiero šaknies, nuluptos ir sutarkuotos arba susmulkintos
- 2–3 žaliosios tajų, serrano arba kajeno paprikos, susmulkintos
- 1 citrinos sultys
- 1 arbatinis šaukštelis Chaat Masala
- ½ arbatinio šaukštelio rupios jūros druskos
- ½–1 arbatinis šaukštelis raudonųjų čili arba kajeno miltelių

Kryptys

c) Dideliame dubenyje sumaišykite visus ingredientus.

Karštas prieskonis

94. Poppers su avinžirniais

IŠELIS: 4 TAURĖS

ingridientai

- 4 puodeliai virtų avinžirnių arba 2 12 uncijų skardinės avinžirnių
- 1 valgomasis šaukštas garam masala, Chaat Masala arba Sambhar Masala
- 2 arbatiniai šaukšteliai rupios jūros druskos 2 šaukštai aliejaus
- 1 arbatinis šaukštelis raudonųjų čili, kajeno arba paprikos miltelių ir dar daugiau pabarstymui

Kryptys

a) Nustatykite orkaitės groteles į aukščiausią padėtį ir įkaitinkite orkaitę iki 425 °F (220 °C). Kepimo skardą išklokite aliuminio folija, kad ją būtų lengva išvalyti.

b) Avinžirnius nusausinkite dideliame kiaurasamtyje apie 15 minučių, kad atsikratytumėte kuo daugiau drėgmės. Jei naudojate konservuotą maistą, pirmiausia nuplaukite.

c) Dideliame dubenyje švelniai sumaišykite visus ingredientus.

d) Pagardintus avinžirnius vienu sluoksniu išdėliokite ant kepimo skardos.

e) Virkite 15 minučių. Atsargiai išimkite keptuvę iš orkaitės, švelniai išmaišykite, kad avinžirniai tolygiai iškeptų, ir kepkite dar 10 minučių.

f) Palikite 15 minučių atvėsti. Pabarstykite raudonųjų čili milteliais, kajenu arba paprika.

95. Gatvės kukurūzų salotos

IŠELIS: 4 TAURĖS

ingridientai

- 4 kukurūzų varpos, išlukštentos ir nuvalytos
- 1 vidutinės citrinos sultys
- 1 arbatinis šaukštelis rupios jūros druskos
- 1 arbatinis šaukštelis juodosios druskos (kala namak)
- 1 arbatinis šaukštelis Chaat Masala
- 1 arbatinis šaukštelis raudonųjų čili arba kajeno miltelių

Kryptys

a) Skrudinkite kukurūzus, kol lengvai sudegs.

b) Iš kukurūzų pašalinkite branduolius.

c) Kukurūzų grūdelius sudėkite į dubenį ir sumaišykite visus kitus ingredientus. Patiekite iš karto.

96. Masala vaisių salotos

IŠELIS: 9-10 TAURŲ

ingridientai

- 1 vidutiniškai prinokusi kantalupa, nulupta ir supjaustyta kubeliais (7 puodeliai [1,09 kg])
- 3 vidutiniai bananai, nulupti ir supjaustyti
- 1 puodelis (100 g) vynuogių be kauliukų
- 2 vidutinės kriaušės su šerdimi ir kubeliais
- 2 maži obuoliai su šerdimi ir kubeliais (1 puodelis [300 g])
- 1 citrinos arba laimo sultys
- ½ arbatinio šaukštelio rupios jūros druskos
- ½ šaukštelio Chaat Masala
- ½ šaukštelio juodosios druskos (kala namak)
- ½ šaukštelio raudonosios čili arba kajeno miltelių

Kryptys

a) Dideliame dubenyje švelniai sumaišykite visus ingredientus.

b) Patiekite iš karto pagal tradicinį gatvės maistą, mažuose dubenėliuose su dantų krapštukais.

97. Ožraginės-špinatinės bulvės

IŠELIS: 3 TAURĖS

ingridientai

- 2 šaukštai aliejaus
- 1 arbatinis šaukštelis kmynų sėklų
- 1 12 uncijų pakuotė šaldytų špinatų
- 1½ puodelio džiovintų ožragės lapų
- 1 didelė bulvė, nulupta ir supjaustyta kubeliais
- 1 arbatinis šaukštelis rupios jūros druskos
- ½ šaukštelio ciberžolės miltelių
- ¼ arbatinio šaukštelio raudonųjų čili arba kajeno miltelių
- ¼ puodelio vandens

Kryptys

a) Sunkioje keptuvėje įkaitinkite aliejų ant vidutinės-stiprios ugnies.

b) Suberkite kmynus ir virkite, kol sėklos sušnypš, apie 30 sekundžių.

c) Suberkite špinatus ir sumažinkite ugnį iki vidutinės-mažos. Uždenkite keptuvę ir kepkite 5 minutes.

d) Suberkite ožragės lapelius, švelniai išmaišykite, uždenkite ir virkite dar 5 minutes.

e) Sudėkite bulves, druską, ciberžolę, čili miltelius ir vandenį. Švelniai išmaišykite.

f) Uždenkite dangtį ir virkite 10 minučių.

g) Nukelkite keptuvę nuo ugnies ir palikite uždengę dangtį dar 5 minutes. Patiekite su roti arba naan.

98. Skrudintos Masala pupelės arba lęšiai

IŠELIS: 4 TAURĖS

ingridientai

- 4 puodeliai nesmulkintų pupelių arba virtų lęšių
- 1 valgomasis šaukštas garam masala, Chaat Masala arba Sambhar Masala
- 2 arbatiniai šaukšteliai rupios jūros druskos
- 2 šaukštai aliejaus
- 1 arbatinis šaukštelis raudonųjų čili, kajeno arba paprikos miltelių

Kryptys

a) Įkaitinkite orkaitę iki 425 ° F (220 ° C). Kepimo skardą išklokite aliuminio folija, kad ją būtų lengva išvalyti.

b) Dideliame dubenyje švelniai suberkite pupeles arba lęšius, masala, druską ir aliejų.

c) Išdėliokite prieskonines pupeles arba lęšius vienu sluoksniu ant paruoštos kepimo skardos.

d) Kepkite 25 minutes.

e) Pabarstykite raudonuoju čili, kajeno ar paprika.

99. Pupelės su kario lapeliais

IŠELIS: 6 TAURELĖS (1,42 L)

ingridientai

- 2 šaukštai kokosų aliejaus
- ½ šaukštelio asafetida miltelių
- ½ šaukštelio ciberžolės miltelių
- 1 arbatinis šaukštelis kmynų sėklų
- 1 arbatinis šaukštelis juodųjų garstyčių sėklų
- 15–20 šviežių kario lapelių, stambiai pjaustytų
- 6 sveikos džiovintos raudonosios paprikos, stambiai pjaustytos
- ½ vidutinio geltonojo arba raudonojo svogūno, nulupto ir supjaustyto kubeliais
- 14 uncijų kokosų pieno
- 1 puodelis vandens
- 1 šaukštelis Rasam miltelių arba Sambhar Masala
- 1½ arbatinio šaukštelio rupios jūros druskos
- 1 arbatinis šaukštelis raudonųjų čili arba kajeno miltelių

- 3 puodeliai (576 g) virtų nesmulkintų pupelių arba lęšių
- 1 valgomasis šaukštas šviežiai susmulkintos kalendros, papuošimui Indikacijos

a) Giliame, sunkiame puode įkaitinkite aliejų ant vidutinės-stiprios ugnies.

b) Įdėkite asafetidos, ciberžolės, kmynų, garstyčių, kario lapų ir raudonųjų čili. Virkite, kol sėklos sutraškys, maždaug 30 sekundžių. Garstyčių sėklos gali pūsti, todėl laikykite po ranka dangtį.

c) Sudėkite svogūną. Kepkite, kol apskrus, apie 2 minutes, dažnai maišydami, kad nepriliptų.

d) Įpilkite kokosų pieno, vandens, Rasam arba Sambhar Masala miltelių, druskos ir čili miltelių. Užvirinkite, sumažinkite ugnį ir troškinkite 1–2 minutes, kol skoniai įsiskverbs į pieną.

e) Sudėkite pupeles arba lęšius. Pakaitinkite ir virkite 2–4 minutes, kol daržovės įgaus skonį. Įpilkite dar puodelį vandens, jei norite sriubesnės konsistencijos. Patiekite iš karto, papuoštą kalendra, giliuose rudųjų arba baltųjų basmati ryžių dubenėliuose.

100. Sambhar įkvėpė karį ant viryklės

IŠELIS: 9 TAURĖS

ingridientai

- 2 puodeliai (396 g) virtų nesmulkintų pupelių arba lęšių
- 9 puodeliai (2,13 l) vandens
- 1 vidutinė bulvė, nulupta ir supjaustyta kubeliais
- 1 arbatinis šaukštelis tamarindo pastos
- 5 puodeliai (750 g) daržovių (naudokite įvairių), supjaustytų kubeliais ir susmulkintų
- 2 šaukštai Sambhar Masala
- 1 valgomasis šaukštas aliejaus
- 1 arbatinis šaukštelis asafetida miltelių (nebūtina)
- 1 valgomasis šaukštas juodųjų garstyčių sėklų
- 5–8 sveiki džiovinti raudonieji čili pipirai, stambiai supjaustyti
- 8–10 šviežių kario lapelių, stambiai pjaustytų
- 1 arbatinis šaukštelis raudonųjų čili arba kajeno miltelių

- 1 valgomasis šaukštas rupios jūros druskos

Kryptys

a) Giliame sriubos puode ant vidutinės-stiprios ugnies sumaišykite pupeles arba lęšius, vandenį, bulves, tamarindą, daržoves ir Sambhar Masala. Užvirinkite.

b) Sumažinkite ugnį ir troškinkite 15 minučių, kol daržovės suvys ir suminkštės.

c) Paruoškite grūdinimą (tarką). Nedidelėje keptuvėje įkaitinkite aliejų ant vidutinės-stiprios ugnies. Sudėkite asafetidą (jei naudojate) ir garstyčių sėklas. Garstyčios linkusios lūžti, todėl po ranka turėkite dangtelį.

d) Kai sėklos pradės pūsti, greitai suberkite čili ir kario lapelius. Virkite dar 2 minutes, dažnai maišydami.

e) Kai kario lapai pradės ruduoti ir šnypšti, supilkite šį mišinį į lęšius. Virkite dar 5 minutes.

f) Suberkite čili miltelius ir druską. Patiekite kaip sočią sriubą, kaip tradicinį dosos garnyrą arba su rudaisiais ar baltais basmati ryžiais.

www.ingramcontent.com/pod-product-compliance
Lightning Source LLC
Chambersburg PA
CBHW070507120526
44590CB00013B/776